Marathontraining für Anfänger

Motivation, Vorbereitung und Training. Ein Anfängerguide für Ihren ersten Marathon.

Jan Krämer

Inhaltsverzeichnis

Einleitung

Ein Marathonlauf ist vieles, aber vor allem ist es eine Herausforderung und eine ungeheure Belastung. Als Sportart gesehen, befindet sich ein Marathonlauf im Bereich des Extremsports. Es ist die Königsdisziplin des Laufens und die erfolgreiche Teilnahme ist der Ritterschlag für jeden Läufer. Daher sollte man nicht einfach mit einem Marathon beginnen, sondern man muss sich erst darauf vorbereiten. Die Vorbereitung umfasst wesentlich mehr als nur das körperliche Training. Während der Lauf an sich zwar eine körperliche Belastung darstellt, ist es mehr eine Herausforderung für den Geist. Das bedeutet natürlich, dass man nicht nur seinen Körper, sondern auch seinen Geist entsprechend vorbereiten muss. Um diesem Anspruch gerecht zu werden, befasst sich das vorliegende Buch sowohl mit den körperleichen als auch den mentalen Aspekten.

Der mentale Aspekt wird in den ersten drei Kapiteln hervorgehoben. Hier gibt eine Zusammenfassung des geschichtlichen Ursprungs des Marathonlaufes als Anregung zum Nachdenken. Das hilft, wenn die geistige Erschöpfung das Weiterlaufen unendlich schwermacht und man sich fragt, warum man die Strapazen überhaupt auf sich genommen hat.

Im nächsten Kapitel über die Motivation des Marathonlaufens wird dieser Stoff zum Nachdenken weiter vertieft. Hier kann man seine eigenen Gründe mit denen anderer Vergleichen. Dies ist wiederum als Hilfe in dem Moment gedacht, in welchem die mentale Kraft schwindet.

Das dritte Kapitel gibt noch ein paar weitere mentale Tricks, die sowohl am Vorabend als auch während des Marathons selbst sehr hilfreich sein können.

Das vorliegende Buch ist für den Anfänger gedacht. Daher soll im vierten Kapitel erst einmal geklärt werden, wer ein Anfänger ist. Danach erfolgen Trainingshinweise für drei verschiedene Phasen. Die erste Phase ist für die wirklichen Anfänger. Wer im Kapitel über die Anfänger feststellt, dass er nicht in diese Gruppe gehört, kann die erste Phase überspringen und gleich zur zweiten Phase, dem Training für Fortgeschrittene, springen. Dort werden entsprechend Trainingsmodelle vorgestellt, die sich an die bereits trainierten Läufer richten.

Die dritte Phase ist die Zeit, in der der Marathonlauf selbst immer näher rückt. Hier geht es um eine Intensivierung des Trainings, aber auch um eine Zeit der Regeneration. Da dies auf den ersten Blick schwer vereinbar ist, wird dieser Phase noch einmal besondere Aufmerksamkeit gewidmet.

In der heutigen Zeit gibt es eine Reihe von Trainingsmitteln, die sowohl dem Anfänger als auch dem Fortgeschrittenen das Training erleichtern können. Daher bietet ein ganzes Kapitel Informationen über diese Mittel. Es beinhaltet eine Vorstellung der Geräte und wie diese helfen können.

Neben technischen Hilfsmitteln ist auch die Ernährung sehr wichtig. Dies kommt vor allem daher, weil sich mehr Menschen heutzutage weniger gesund ernähren, als man denkt. Das kann vor allem im Training gefährliche Auswirkungen haben. Daher widmet sich ein Kapitel auch diesem Thema.

Ein weiteres Kapitel gibt Aufschluss über die wichtigsten Fehler, die beim Marathon immer wieder gemacht werden. Vermeidet man diese, unterstützt man nicht nur das eigentliche Training, man schont auch seine Gesundheit und erhöht den Spaß für sich am Wettkampf.

Das Wichtigste ist, dass das Marathontraining gut für die Gesundheit sein und Spaß bringen soll. Aus diesem Grund wurde dieser Guide geschrieben, um die Gesundheit zu schützen und den Spaß zu unterstützen. Daher sollte man die Informationen, die in diesem Buch wiedergegeben werden, immer im Hinterkopf behalten. So vermeidet man eine Überlastung durch das Training und die damit verbundenen gesundheitlichen Auswirkungen und man vermeidet die Frustration, die auftritt, wenn ein schlecht geplantes oder schlecht durchgeführtes Training keinen Erfolg bringt. Ebenfalls werden kleine Tipps und Tricks verraten, die das Training wesentlich erleichtern und fördern können. Dabei ist jedoch wichtig zu bedenken, dass jeder einzelne Läufer unterschiedlich ist. Darum sollte man bei der Umsetzung der hier vorgeschlagenen Trainingsmethoden immer darauf achten, dass man auf die Signale des eigenen Körpers hört.

Was ist ein Marathonlauf

Wie schon festgestellt, ist ein Marathonlauf eine Herausforderung. Genauer gesagt, ist es eine gewaltige Herausforderung. Die meisten Anfänger meinen, dass diese Herausforderung vor allem den Körper betrifft. Damit liegen sie jedoch nicht so ganz richtig. Während die Anstrengungen, denen der Körper bei einem Marathonlauf unterworfen wird, durchaus als extrem zu bezeichnen sind, ist es doch vielmehr der Geist, auf den es ankommt.

Die Situation eines Marathonlaufes ist sehr einfach zusammengefasst. Man läuft eine sehr, sehr lange Strecke. Auf dieser Strecke hat man nicht die gewohnten Ablenkungen. Kein Fernsehgerät, kein Spiel, kein Computer, höchstens etwas Musik auf die Kopfhörer kann etwas an Unterhaltung bringen. Apropos Unterhaltung, man mag ja planen, den Marathon mit seinem Freund zu laufen, aber schnell wird man dabei allein sein. Egal wie sehr man befreundet ist, das eigene Lauftempo wird kaum dem Tempo des Freundes entsprechen. Dadurch kann sehr schnell der eine über- und der andere unterfordert werden. Auf der anderen Seite, selbst wenn man einen Freund hat, der genau das eigene Lauftempo aufweist, wird man bald zu erschöpft sein, um eine gepflegte Konversation zu betreiben.

Nochmal, man läuft eine sehr, sehr lange Strecke, praktisch ohne Ablenkung. Das bedeutet nicht nur einen langen Weg, sondern auch eine lange Zeit. In dieser Zeit wird man überwiegend erschöpft sein. Die Beine werden Schmerzen, die Brust wird sich anfühlen, als wurde die Lunge herausgerissen. Da man keine Ablenkung hat, kann man also die lange Zeit damit verbringen, den Schmerzen und der Erschöpfung seine Aufmerksamkeit zu schenken. Wie man sich jedoch leicht denken kann, wird das das Laufen nicht gerade erleichtern und damit auch keinen Erfolg bringen.

Wie kann man nun dagegen angehen? Man muss die Gedanken an den eigenen, nicht gerade angenehmen, körperlichen Zustand beiseiteschieben und sich auf etwas Anderes konzentrieren. Eine kleine Hilfe dafür kommt hier. Wenn man die vielen Geschichten, die sich zutragen mussten, um den heutigen Marathonlauf zu erschaffen, bedenkt, fällt es bestimmt leichter, auch dann weiterzumachen, wenn der tote Punkt erreicht ist.

Der Geschichtsunterricht in der Schule hat wahrscheinlich bereits dem einen oder anderen eine Idee über den Ursprung des Marathonlaufes gegeben. Fraglich ist jedoch, ob diese Idee wirklich wahr ist. Wahrscheinlich hat schon jeder über den Boten auf den Weg nach Marathon gehört? Darum fangen wir mit dieser Geschichte an.

Als erstes lässt sich feststellen, dass es die Schlacht von Marathon wirklich gegeben hat. So weit, so gut. Diese Schlacht geschah aufgrund der Ambitionen des persischen Großkönigs Dareios I. Dieser hatte bereits ein großes Reich und wollte nun auf dem griechischen Festland seinen Einfluss gelten lassen. Sein unmittelbares Ziel war ein Herrschaftswechsel in Athen.

Dareios I. landete mit seiner Armee in der Ebene von Marathon. Das war 25 Meilen von Athen entfernt. Hier liegt die Vermutung nahe, dass der Botenlauf von der Ebene von Marathon zur Stadt Athen stattfand, doch dem ist nicht so. Wenn man die Quellen studiert, so war der erste Botenlauf von Athen nach Sparta. Der Bote sollte die Nachricht von der Landung der Perser zusammen mit der Bitte um Verstärkung überbringen. Die Distanz zwischen Sparte und Athen ist jedoch 233 Kilometer. Damit kann dies eher nicht der Ursprung der heutigen Marathondisziplin sein.

Ein weiterer Botenlauf geschah nach dem Ende der Schlacht. Der Legende nach überbrachte der Bote die Nachricht vom Sieg der Athener über die Perser. Am Ende des Laufes soll der Bote mit der Nachricht vom Sieg in der Schlacht tot zusammengebrochen sein. Diese Legende ist wahrscheinlich aber genau das, eine Legende. Die wichtigste Quelle über die Schlacht, Herodot, berichtet nichts über diesen Boten. Wahrscheinlich wurde die Legende später der tatsächlichen Geschichte hinzugefügt.

Ein weiterer Ursprung für den Marathon wird in den sogenannten Waffenläufen gesehen. Die Idee hier ist das Training der Soldaten. Um diese anzuspornen, wurde ein Ziel vorgegeben. Damit ließ sich ein rigoroses Training rechtfertigen. Die Idee dahinter macht auch Sinn. In der Schlacht muss ein Soldat sich selbst, seine Waffe und sein Gepäck über Stunden, oftmals in Hitze oder Kälte und unter Feindfeuer, über das Schlachtfeld bewegen. Dabei sollte er weder an Erschöpfung zugrunde gehen noch unansprechbar werden.

Ein gutes Training spart Verluste in der Schlacht und bringt den Sieg. Das wichtigste dabei ist nicht so sehr die Kraft der Arme, sondern die Ausdauer und die Kraft der Beine. Daher war das Lauftraining am wichtigsten. Dieses Training wurde von den Waffenläufen gekrönt, die in ihrer Länge an die eines Marathons herankommen und diesen sogar mitunter übertreffen.

In der damaligen Zeit war der Dienst im Militär zweierlei, eine Ehre und oft auch ein Gesetz. Dadurch kamen fast alle Männer damit in Berührung und übernahmen diese Läufe auch für die Freizeit. Damit nicht genug. Besonders in Griechenland begann man, geschichtliche Hintergründe für die Waffenläufe als Begründung anzugeben. Gerade für die jungen Griechen bot sich die Legende von dem Boten von Marathon geradezu an.

Damit sind jedoch noch nicht die olympische Disziplin und die allgemeine Bekanntheit des Marathons von heute erklärt. Ende des 19. Jahrhunderts begannen sich Langstreckenläufe einer allgemeinen Beliebtheit zu erfreuen. Vielleicht kamen sie auf, weil sie von Ex-Soldaten als Wettkampf vorgenommen wurden, vielleicht waren sie nur Ausdruck einer allgemeinen Entwicklung. Es machte den Menschen jedoch immer mehr Spaß, sich körperlich so herauszufordern und auch Wetten abzuschließen.

Die Langstreckenläufe Ende des 19. Jahrhunderts hatten jedoch wenig mit dem heutigen Marathon zu tun. Die Strecke war nicht genau festgelegt und wurde meistens den Meilensteinen angepasst, um ein klares Maß zu haben. Die Läufer starteten nicht in einer Gruppe im direkten Wettkampf, sondern mit Abstand und liefen gegen die Uhr.

Der heutige Marathonlauf hat zwar seinen Ursprung in den Waffenläufen und den Langstreckenläufen des ausgehenden 19. Jahrhunderts, doch es war mehr ein seltsamer Zufall, der ihn als Marathonlauf so berühmt machte, dass er die Zeiten überdauerte. Dem gleichen Zufall verdanken wir es, dass die Strecke immer genau 42,195 Kilometer lang ist.

Alles begann mit einer Entdeckung der Gräber der Gefallenen

der Schlacht von Marathon. In diesen Gräbern und ihren Beigaben wurde genug Informationen gefunden, um die Schlacht selbst und die Legenden zusammen zu puzzeln. Das Ergebnis war, dass die Idee aufkam, den Marathonlauf als olympische Disziplin aufleben zu lassen und mit der Erinnerung an die Schlacht in Verbindung zu setzen.

Die Marathonstrecken zu dieser Zeit waren jedoch nicht unbedingt gleich und schwankten um die 40 Kilometer. Dies entspricht der Entfernung des Schlachtfeldes, auf dem die Schlacht von Marathon stattfand, und der Stadt Athen. Das erklärt aber nicht die Strecke des heutigen Marathons von 42,195 Kilometer. Der Lauf des Boten nach Sparta mit der Bitte um Unterstützung ist mit 233 Kilometer ebenfalls von einer anderen Länge.

Die Umrechnung zwischen dem imperialen und dem metrischen System ist auch keine große Hilfe. Während der Marathonlauf sich in den USA und in Großbritannien einer großen Beliebtheit erfreute, wurde er dort meistens auf einer 25 Meilen Strecke ausgetragen. Dies ist umgerechnet nur 40,23 Kilometer. Rechnet man die 42,195 Kilometer in Meilen um, erhält man 26,219 Meilen, also auch keine runde Zahl.

Der Grund für die krumme Streckenlänge und die Berühmtheit des heutigen Marathons liegt im britischen Königshaus. Der Marathonlauf von 1908 sollte mit der Königsfamilie als Zuschauer beginnen und mit ihr Enden. Daher musste der Lauf von einem Ort der Familie zu einem anderen Ort der königlichen Familie stattfinden.

Der Startpunkt wurde in das Schloss Windsor gelegt. So konnte die königliche Familie den Sportlern beim Starten zusehen. Der Zielpunkt war das Olympiastadium von London. Dort hatte die königliche Familie ihre eigene Loge und konnte dem Zieleinlauf beiwohnen. Vom Startpunkt im Schloss Windsor bis zu königlichen Loge im Olympiastadium waren es genau 26 Meilen und 385 Yards. Umgerechnet ergibt dies 42,195 Kilometer.

Damit ist jedoch noch nicht erklärt, warum der Marathonlauf so berühmt wurde und genau diese Streckenlänge beibehielt. Damals waren ständig wechselnde Streckenlängen üblich, so dass die 42,195 Kilometer einfach nur eine einmalige Länge sein konnte. Der Hintergrund liegt in dem Zieleinlauf.

Ein normaler Marathon war damals um die 25 Meilen lang. Der Marathon in London 1908 war jedoch mehr als 26 Meilen lang. Das führte dazu, dass jemand seine Kräfte überschätzte. Dieser Jemand war der Italiener Dorando Pietri. Dieser erreichte die letzten paar hundert Meter mit einem riesigen Vorsprung. Das Glück verließ ihn jedoch auf der Zielgeraden. Dort brach er gleich mehrmals zusammen und er musste von Helfern über die Ziellinie geschleppt werden. Das brachte natürlich die Disqualifikation. Als Folge dessen gewann der US-Amerikaner John Hayes das Rennen. Er lief zwar nicht als Erster ein, dafür aber aus eigener Kraft.

Amerikanische Geschäftsleute witterten in diesem Ausgang des Rennens eine Chance für Profit. Kurz darauf luden sie die beiden Finalisten und natürlich jede Menge andere Läufer für ein Rückrennen in den Vereinigten Staaten ein. Die Folge war ein riesiger Rummel und eine begeisterte Beteiligung. Um fair zu sein, wurde die ursprüngliche Streckenlänge, 42,195 Kilometer, wieder genau eingehalten. So entwickelte sich der Marathonlauf von heute als eine Art Volksfest mit einer Länge von genau 42,195 Kilometer. Wem das jedoch zu trivial ist, kann natürlich das Rennen auch als seinen eigenen Wettkampf mit den Teilnehmern der früheren Waffenläufe austragen oder aber sich mit dem Boten von Marathon vergleichen. Wichtig ist, dass man im eigenen Rennen die Ziellinie aus eigener Kraft überschreitet. Welche mentale Bilder man auch immer dafür benötigt, man nutze sie entsprechend.

Welche Motivation gibt es zum Marathonlauf

Zur Erleichterung sei etwas gleich mal festgestellt, die Motivation kommt meistens von allein. So weit, so gut, doch die Motivation muss erhalten werden. Kümmert man sich nicht darum, verschwindet sie einfach wieder und man hat nichts erreicht.

Für den Marathonlauf oder für das Bergsteigen, für das Bodybuilding oder jeden anderen Sport, alles beginnt mit einem Ziel. Die Läufer, die sich an den Marathon wagen, verfolgen ein ehrgeiziges und oftmals auch sehr persönliches Ziel. Wie aber entsteht diese Motivation dazu und wie lässt sie sich erhalten?

Normalerweise ergibt sich die Motivation zu einem Verhalten aus dem Unterschied zwischen einem gefühlten Zustand und einem erhofften oder erwarteten Zustand. Ist man hungrig, dann erhofft man sich, gesättigt zu werden. Die Folge ist der Gang zum Kühlschrank und die Nahrungsaufnahme. So weit ist das alles sehr einfach. Was aber ist der Unterschied zwischen dem Zustand vor dem Marathon und dem erhofften Zustand nach dessen erfolgreicher Bewältigung?

Der Unterschied ist oftmals der Wunsch nach Anerkennung. Dies kann die Anerkennung von einem selbst oder die Anerkennung durch Andere sein. Man will es sich oder anderen beweisen, dass man es schaffen kann.

Damit nicht genug, sind oft auch Gründe wie ein Motivationsaufbau ausschlaggebend. Wer zum Beispiel abnehmen möchte, aber sich einfach nicht überwinden kann, jeden Tag nur ein klein wenig zu laufen, setzt sich das Ziel eines Marathons. Dazu erzählt er noch allen Freunden von diesem Ziel. Nun kann er nicht mehr kneifen, denn er möchte nicht schlecht vor seinen Freunden dastehen. Daher muss er nun jeden Tag trainieren, bis das Ziel Marathon erreicht ist. Hier baut also eine Motivation abzunehmen, auf eine andere, nicht zu kneifen, auf und schon ist man in der Vorbereitung zum großen Rennen.

Andere sehen im Marathon eine willkommene Fortsetzung des eigenen Lauftrainings. Sie trainieren jeden Tag, sei es um der Gesundheit oder der Ausdauer willen oder um abzunehmen. An einem Punkt entdecken sie, dass sie ziemlich viel und das noch ziemlich schnell laufen. Diese Läufer setzen dann gern einen Marathon oben drauf. Dies ist dann die Selbstbestätigung.

Will man seine eigene Motivation verstehen, reicht es nicht, nur den direkten Grund für die Entscheidung zum Marathon anzusehen. Vielmehr muss man auch seinen eigenen Motivationstyp kennen. Ist man sich über diesen im Klaren, ist es einfacher, gewissen Frust und Ärger zu vermeiden.

Im Wesentlichen gibt es fünf Motivationstypen. Jeder Typ hat seine eigenen Vorteile, aber auch seine eigenen Nachteile. Alle davon sind emotional begründet. Man kann diese steuern, aber dazu muss man erstmal tief in sich hineinhorchen und ehrlich zu sich selbst sein. Nur so kann man verstehen, zu welchem Typ man wirklich gehört.

Der erste Typ ist Mister oder Miss Perfect. Alles muss perfekt sein. Das bringt einen gewaltigen Ansporn, denn selbst wenn man etwas schon sehr gut macht, ist man damit nicht zufrieden und will es noch besser, eben perfekt, machen. Das bringt aber auch eine Menge Stress.

Der Zustand der Perfektion ist praktisch nie erreichbar. Dadurch bleibt immer ein wenig das Gefühl zurück, dem eigenen Anspruch nicht zu genügen. Damit aber nicht genug.

Der Typ des Mister oder Miss Perfect setzt auf die Karte des Perfektionismus vor allem deswegen, weil diese Person oftmals eine Menge Kritik erfahren hat. Das führt dazu, dass der Zustand des Perfekten nicht einfach für sich selbst gefunden werden muss, sondern, um gegenüber Kritik unangreifbar zu sein. Perfektes kann man nicht noch besser machen. Daher kann man nicht kritisieren, was perfekt ist. So einfach ist die Logik. Während das weniger oft gesagt wird, so wird es doch empfunden. Die Folge ist eine niedrige Kritikbereitschaft. Man will den Marathon schaffen, um es jedem zu beweisen, dass man das Größte und Schwerste erreicht hat. Damit kann niemand mehr an der eigenen Person nörgeln. Diese Läufer stellen sich oft vor, dass andere sie ansehen und denken, dass sie nicht genug Leistung bringen. Dies ist jedoch meist nur eingebildet. Der Marathonlauf ist von allein so schwer, dass jede erfolgreiche Teilnahme allein schon bewundernswert ist.

Anstatt also auf mögliche, oftmals nur eingebildete, Kritik von Anderen zu hören, sollten sich die Mr. und Ms. Perfects lieber auf sich selbst und ihren Lauf konzentrieren. So kann man unbeschwerter und ohne die Angst, zu versagen, am Marathon teilnehmen.

Ein anderer Motivationstyp ist der, es allen recht machen zu wollen. Jemand mit dieser Motivation wird oft als nett wahrgenommen, aber wenig beachtet. Das liegt daran, dass diese Person zu nett zu allen ist und dadurch sich selbst verleugnet. Das kann diese Person selbst oft so gar nicht formulieren, ebenso wenig wie ihre Umwelt, doch es führt dazu, dass jemand mit dieser Motivation oft an sich selbst zweifelt und daher unglücklich ist. Auch fällt es so schwer, Freunde zu finden. Menschen fühlen sich nämlich eher zu starken Persönlichkeiten hingezogen. Dort finden sie Halt und Orientierung.

Im Bereich des Marathons bedeutet die Motivation, es allen recht machen zu wollen, dass man den Lauf wiederum nur aus diesem Grunde unternimmt. Entweder hat das Umfeld mit dem Marathonthema begonnen oder jemand mit dieser Motivation möchte in ein neues Umfeld einsteigen. Wie dem auch sei, man nimmt daran teil, weil es andere tun.

Hier sollte man jedoch einmal genauer über sich selbst nachdenken. Jede Person ist etwas Besonderes und jede Person ist wichtig. Falls man wirklich zu der Erkenntnis kommt, dass man an einem Marathon teilnehmen will, um seinem Umfeld zu gefallen, kann man dies auch zu seiner Befreiung nutzen. Wer einen Marathon bewältigt, erbringt eine sehr beachtenswerte Leistung. Ist diese einmal gelungen, muss man sich nicht mehr damit abmühen, es seinem gesamten Umfeld recht zu machen. Stattdessen hat man Stärke gezeigt und sollte sich nun auf sich selbst konzentrieren und diese Stärke fortentwickeln. So braucht man sich nicht mehr selbst zu verleugnen und kann Anerkennung einfordern, anstatt sie zu erbetteln.

Der nächste Typ ist der Typ des sich Anstrengens. Diese Menschen haben seit der Kindheit die Botschaft verinnerlicht, dass sich nur harte Arbeit lohnt. Daher suchen sie die Herausforderung, um sich ein wenig mehr anzustrengen und mehr Belohnung zu erhalten. Diese Gruppe zeichnet sich durch ihre Leistungsorientierung aus. Dadurch gibt man nie auf und fordert immer mehr von sich selbst.

Das gute an dem Typ des sich Anstrengens ist, dass man mit dieser Motivation ungewöhnliche Höhen erreichen kann. Der Erfolg ist damit fast schon sicher, denn man gibt einfach nie auf und sucht immer nach neuen Wegen, noch immer mehr zu erreichen. Gerade das damit verbundene Durchhaltevermögen gestattet es, einen Marathon erfolgreich zu absolvieren.

Ein kleiner negativer Punkt besteht jedoch auch hier. Zu oft versucht man, das Ziel allein zu erreichen. Das kommt daher, dass man mit der eigenen Leistungsbereitschaft weiter als das Umfeld geht. Damit lässt man seine Freunde, Arbeitskollegen oder Geschäftspartner oftmals hinter sich zurück und ist von ihnen enttäuscht. Diese Enttäuschung ist nur allzu gut zu verstehen, doch man sollte ein wenig nachsichtiger mit ihnen sein. Ein Marathon ist jedoch normalerweise in individueller Akt, daher ist der Anstrenger der genau richtige Typ für diesen Sport.

Ein weiterer Typ ist der Sei-immer-stark-Typ. Dieser gleicht sehr dem Typ des sich Anstrengens. Während beim Anstrenger jedoch das in Angriff nehmen von Herausforderungen im Vordergrund steht, entspricht der starke Typ eher dem des Durchhalters. Dieser gibt einfach nie auf, egal welche Widrigkeiten sich ihm entgegensetzen. Es geht weniger um eine hohe Zielsetzung, sondern mehr um ein nie Aufgeben im Angesicht von Schwierigkeiten.

Die Vorteile des starken Typs gleichen dem des Anstrengers. Da er bereit ist, weiter als alle anderen zu gehen, wird er im Marathon einfach nicht aufgeben. Je erschöpfter er ist, desto mehr wird er sich motiviert fühlen, weiterzumachen. Die gesamte Motivation kommt daher, stärker als das Hindernis zu sein.

Wie der Anstrenger, so hat auch der starke Typ seine größte

Schwäche, wenn es um andere geht. Anderen Personen misstraut er einfach. Nur allzu oft gaben diese auf, wo er selbst noch weiterging. Er will sich nicht mit Leuten belasten, die ihm im Weg sind, anstatt ihm zu helfen. Hier ist es ebenfalls so, dass die Natur des Marathons, ein Individualsport zu sein, der Persönlichkeit des starken Typs sehr entgegenkommt. Hier hat er die Chance allen zu zeigen, dass er mit seiner Art, die Probleme anzugehen, weiterkommt als sie.

Der letzte Motivationstyp ist Mr. oder Ms. Schnell. Hier ist die Idee, dass nur der frühe Vogel den Wurm frisst. Daher wird alles darangesetzt, eben dieser frühe Vogel zu sein. Man ist der Erste am Arbeitsplatz, der Erste im Meeting und der Erste, der eine neue Gelegenheit erkennt.

Das gute am Typ des Mr. oder Ms. Schnell ist die sehr hohe Leistungsbereitschaft. Man ist einfach immer bereit, sein Bestes zu geben, wann immer die Gelegenheit dazu anklopft. Dies erklärt auch, warum man sich in einem Marathon einschreibt. Hier ist eine weitere Möglichkeit, sich im Wettkampf zu messen und als Gewinner zu erscheinen.

Das Problem mit Mr. und Ms. Schnell ist jedoch ebenso schnell offensichtlich. Schnelle Handlungen erfordern schnelle Entscheidungen. Schnelle Entscheidungen ermöglichen jedoch kaum ein richtiges Überlegen oder Abwägen. Die Folge ist nur allzu oft eine übereilte Entscheidung mit den entsprechenden Konsequenzen. Im Marathon heißt das, dass man sich nur allzu leicht auf der Laufstrecke mit all den anderen Läufern wiederfindet und man dann erst feststellt, dass man etwas falsch gemacht hat.

Das andere Problem ist, dass dieser Motivationstyp oft genug nicht über das gleiche Durchhaltevermögen wie Andere verfügt. Sie neigen eher dazu, vor allem die mentale Kraft zu verlieren und dann einfach aufzugeben.

Für Mr. und Ms. Schnell ist es besonders wichtig, sich selbst zu fragen, ob die Teilnahme an einem Marathon wirklich das richtige für sie ist. Wird diese Frage bejaht, dann gilt es, mit dem Training besonders umfassend zu sein. Da hier die Bereitschaft zur Aufgabe höher ist, sollte man den Marathon mindestens einmal komplett gelaufen sein, bevor man sich an den echten Wettkampf wagt. Weiterhin sollte zwischen dem Probelauf und dem echten Marathon nicht zu viel Zeit verstreichen.

Ist man sich über den eigenen Motivationstyp im Klaren, kann man sich mental entsprechend einstellen. Vielleicht gewinnt der eine oder andere sogar noch einen extra Punkt, warum er oder sie den Marathon laufen möchte.

Ist man nun wirklich bereit, an das Training zu gehen, braucht man noch ein paar kleine Kniffe, wie man sich immer wieder dazu aufrafft, das Training auch wirklich zu absolvieren. Während der Marathon eine große Belohnung, die eigene Bestätigung, verspricht, ist diese Belohnung jedoch am Beginn des Trainings noch sehr weit weg.

Um nicht gleich am Anfang zu verzweifeln, ist es wichtig, sich kleine Ziele zu setzen. Das Erreichen dieser kleinen Ziele sollte entsprechend belohnt werden. Die Belohnung kann in der Anschaffung eines kleinen und schon lange gewünschten Extras, wie ein neues Paar Schuhe, eine neue Jacke oder Ähnliches, bestehen. Man kann sich auch etwas gönnen. So ist eine Sportmassage immer sehr entspannend. Manchmal tut es auch das extra Stück Kuchen, das man sich verdient hat.

Wichtig ist auch die Vermeidung von Motivationspausen. Es ist oftmals leicht, einfach mal einen Tag auszusetzen. Ausreden dafür sind schnell gefunden. Das Problem ist, dass das Aufhören leicht ist, das Wiederanfangen jedoch nicht. Selbst wenn man wirklich mal nicht möchte, sollte man dennoch weitermachen, sonst droht das Trainings-Aus. Außerdem erreicht man diesen Punkt während das eigentlichen Marathons auch. Kann man ihn schon nicht im Training überwinden, wie soll man das dann im Marathon schaffen.

Die Überwindung für das tägliche Training wird um vieles schwerer, wenn man an solche Faktoren wie Langeweile, schlechtes Wetter und eine eintönige Umgebung denkt. Dem kann man aber entgegenwirken.

Die erste Falle ist die Langeweile. Wie schon angesprochen, ein Marathonlauf ist lang. Um sich darauf vorzubereiten, muss man lange Strecken laufen. Dabei kann die Langeweile schon ganz schön auf die Stimmung drücken. Je länger die Strecke, desto schwieriger ist die Überwindung. Man kann noch nicht einmal das Laufen variieren, denn es geht bei einem Marathon auch um den richtigen Rhythmus und darum, diesen aufrecht zu erhalten. Daher ist eine Möglichkeit, verschiedene Strecken zu laufen. Das bringt jedoch den Nachteil, dass man den Trainingseffekt schlechter abschätzen kann. Hält man sich an eine Strecke, ist es besser, diese mal in die eine und mal in die andere Richtung zu laufen. So sieht jede Ecke, jede Gabelung oder Kreuzung neu aus. Man sieht die Gebäude oder die Natur aus verschiedenen Blickwinkeln.

Das Ablaufen derselben Strecke mal in der einen und mal in der anderen Richtung bekämpft auch die Eintönigkeit. Man kann immer wieder neue Details finden, wenn man die Dinge aus verschiedenen Blickwinkeln sieht. Wichtig ist dabei, nach diesen Details konkret zu suchen und sich zu freuen, wenn man etwas Neues entdeckt.

Man kann auch Gedankenspiele über das anstellen, was man sieht. Es lohnt sich, einfach mal darüber nachzudenken, warum ein Ast gebrochen, ein Haus verlassen oder eine Kreuzung genau an dieser Stelle gebaut wurde. So bereitet man sich am besten auf die lange Strecke des Marathons vor.

Eintönigkeit kann man mit Farbe bekämpfen. Wenn die Strecke mehr ein Grau in Grau ist, dann kann man selbst ein wenig nachhelfen. Die eigene Kleidung kann man in knalligen Farben auswählen. Dann ist es schon mal interessant, das eigene Spiegelbild in einem Schaufenster, einer Pfütze oder einer Autoscheibe zu sehen. Man kann auch einfach an sich heruntersehen und den eigenen, knallig bunten, Laufschuhen bei ihrem auf und nieder zuschauen.

Sehr oft dient das Wetter als Ausrede, heute mal nicht zu trainieren. Besser ist es jedoch, sich über wirklich jedes Wetter zu freuen, denn man hat immer eine neue Herausforderung. Ein Marathon kann mal verregnet, mal sonnig sein und mal im Schnee stattfinden. Je mehr das Wetter das Training variiert, desto mehr bereitet man sich auf alle Eventualitäten vor. Das ist doch ein Grund zur Freude, oder nicht?

Manchmal findet man den eigenen Rhythmus mit Musik. Diese soll ja bekanntlich beflügeln. Es lohnt sich, die Zeit des Laufens mit Ohrsteckern bewaffnet und Musik auf den Ohren zu verbringen. Die Musik gibt Antrieb und lässt so manche Strapaze vergessen. Man muss nur darauf achten, dass die Musik den Laufrhythmus nicht stört. Da man aber mit all den modernen Geräten sein Musikprogramm komplett personalisieren kann, sollte es kein Problem sein, nur die richtige Musik auf die Ohren zu bekommen.

Wichtig ist auch das Bild, dass man von sich selbst während des Laufens hat. Man sollte nicht auf sich selbst und seine Schmerzen und Erschöpfung schauen. Was macht Superman so interessant? Er tut etwas. Er sitzt nicht nur in der Unterwäsche auf seinem Hintern auf der Couch und futtert Kartoffelchips. Er fliegt, rennt und gewinnt. Ist man ein Marathonläufer, dann ist man ebenfalls ein kleiner Superman oder eben Supergirl. Man überwindet sich und schafft etwas und sei es auch nur, dass man etwas für seine eigene Gesundheit tut. Mit dieser Überzeugung fällt es einem leichter.

Welche mentalen Tricks können mir helfen

Es ist beinahe geschafft, das Training ist absolviert, die Kondition stimmt und der Marathon ist am nächsten Tag, dann ist man natürlich tüchtig aufgeregt. Wichtig ist, hier etwas Ruhe zu finden. Der nächste Tag wird genug Aufregung bringen und man sollte dafür ausgeruht sein.

Gut ist es, sich am Vorabend des Marathons immer vor Augen zu halten, dass es sich nur um einen Lauf handelt. Man kann sich beruhigen und es auf sich zukommen lassen. Egal was man tut, die Zeit wird nicht schneller oder langsamer vergehen. Der Lauf selbst wird ebenfalls wie die Trainingsläufe sein. Daher immer hübsch ruhig bleiben.

Wenn man dann am Start steht, voller Aufregung, macht man sich am besten bewusst, dass alle hier trainiert haben und alle wissen, was das Training bedeutet. Niemand wird auf einen herabsehen, denn sie alle haben die gleichen Strapazen durchgemacht. Also nicht schüchtern sein und sich bereitmachen.

Ist der Startschuss gefallen und alle beginnen zu laufen, dann sollte man nicht gleich loshetzen. Man sage sich immer, dass es noch ein langer Weg ist. Besser man startet ruhig und gemütlich und kann das durchhalten, als dass man losrennt wie ein Verrückter und dann bald schlappmacht. Darum sagt man sich immer vor: „Langsam laufen! Langsam laufen!“

Beginnen die Kräfte zu schwinden und ist das erste Viertel bereits hinter einem, schaltet man den Kopf auf die nächste Phase. „Du schaffst das! Du schaffst das!“ So kann man sich immer weitertreiben, denn der Körper kann noch immer weiter, auch wenn er einem gerne das Gegenteil vorgaukelt.

Auf der Hälfte der Strecke kann man beginnen, sich selbst zu gratulieren. Hier hat man schon einen Halbmarathon geschafft. Das ist für sich gesehen bereits eine große Leistung. Von hier an kann man nichts mehr falsch machen. Daher sagt man sich einfach: „Immer weiter! Immer weiter!“

Nähert man sich dem Ende des zweiten Drittels, dann kann man den Ton erneut wechseln. „Du kannst das!“ ist ein guter Satz für einen selbst. Man hat es bis hierhergeschafft und man hat schon mehr im Training absolviert. Daher sage man sich diesen Satz immer wieder, denn er stimmt ganz einfach.

Kommt man so langsam in das letzte Viertel kommt man meist auch so langsam ins Grübeln. Die Muskeln brennen, der Rücken schmerzt und die Puste, naja, die ging einem schon eine halbe Stunde zuvor aus. Wie kann man da noch weitermachen? Aber halt, da gibt es doch etwas, dass immer weitergeht. Ja richtig, eine Maschine. Der eigene Körper ist im Grunde genommen nichts anderes als eine Maschine und die können doch einfach immer weiter ihre Arbeit verrichten. Daher sagt man sich auf dem letzten Viertel immer wieder „Du bist eine Maschine!“

Nähert man sich dem Ziel, dann wird es noch einmal ernst. Nein, keine Bange, niemand erwartet wirklich einen Schlussspurt in einem Marathon. Was die Leute aber erwarten, ist ein wenig Würde. Daher zwingt man sich ein Lächeln ins Gesicht, drückt den Rücken durch und hebt ordentlich die Beine bei jedem einzelnen Schritt. Dann macht auch das Zielfoto Spaß, selbst wenn man nicht der Erste im Ziel ist, dennoch ist man ein Sieger, denn man hat über den eigenen Schweinehund triumphiert.

Wer ist ein Anfänger

Bevor man ein Training für einen Marathonlauf beginnt, muss man sich erstmal über sich selbst ein Bild machen. Im Internet kursieren hunderte von Trainingsplänen und -kalendern, doch kann man die auch wirklich unbekümmert verwenden? Die Antwort darauf ist schlicht und einfach „nein". Warum nicht? Weil diese Pläne vom Durchschnittsmenschen ausgehen. Dummerweise gibt es den nur nicht. Ja, da staunt man.

Vielleicht sollte man das Wort „Durchschnitt" einmal genauer ansehen. Nehmen wir ein Haus im Winter. Es ist so richtig kalt. Am nächsten Tag fackeln wir das Haus einfach mal ab. Am ersten Tag, dem Wintertag, nehmen wir die Temperatur. Am zweiten Tag, wenn es so richtig in Flammen steht, nehmen wir die Temperatur ein zweites Mal. Überraschung, Überraschung! Der Durschnitt ergibt eine wirklich angenehme Temperatur. Na dann, fröhliches Wohnen! Ein anderes Beispiel mag auch noch helfen. Nehmen wir einen Mann von 1,50 m Größe und einen zweiten von 2,00 m Größe. Als Durschnitt erhalten wir eine Größe von 1,75 m, dennoch ist keiner der beiden Männer wirklich 1,75 m groß. Der Durschnitt ist also gut und schön, dennoch sind wir alle verschieden.

Da es zwar den Durschnitt gibt, aber dieser so wirklich auf niemanden zutrifft, muss man ein wenig erfinderisch sein. Nein, nun braucht man nicht gleich zu Google und Co. rennen und den nächsten Personal-Trainer suchen. Den hat man nicht nötig, solange man ein durchschnittlich intelligenter Mensch ist (hahaha).

Das Wichtigste zuerst: jeder kann sein eigener Personal-Trainer sein. Puh, da kann man eine Menge Geld sparen. Was man braucht, ist ein Verständnis des eigenen Körpers und ein Verständnis der vielen Trainingshinweise, die man so finden kann und die sich mitunter sogar widersprechen.

Bevor man also mit dem Training beginnt, setze man sich einfach mit der eigenen Person auseinander. Das vorliegende Buch ist ein Buch für Anfänger. Das bedeutet nicht, dass man es nicht auch als Fortgeschrittener benutzen kann, doch man sollte es dann ein wenig anders nutzen. Daher definieren wir an dieser Stelle einfach das Wort „Anfänger".

Allgemein gesehen kann man unter einem Anfänger im Marathonlauf einiges Verstehen. Bezieht man sich auf den Marathonlauf, dann kann der Anfänger durchaus ein erfahrener Läufer sein. Dieser hat mitunter schon jahrelang dem Laufen gefrönt, dies aber mehr als Freizeitbeschäftigung betrieben. Dies kann als Erhaltung oder Aufbau einer gewissen Fitness erfolgt sein oder man wollte abnehmen bzw. sein Körpergewicht erhalten. Im Marathonlauf ist dieser Läufer ein Anfänger, weil er sich noch nicht mit einem Trainingsplan beschäftigt hat und es ihm bisher so gut wie gleichgültig war, welche Distanz er in welcher Zeit zurückgelegt hat. Daher passt auch dieser Läufer in die Kategorie der Anfänger und kann sich dem nächsten Kapitel, dem „Wie baue ich mein erstes Training auf", widmen. Er wird hier großartige Tipps finden und kann damit seinem Training endlich etwas Struktur geben.

Noch mehr Anfänger kann man dahingehend sein, dass die eigene Lauferfahrung schon über Jahre hinweg in Vergessenheit geraten ist.

Auf der anderen Seite kann dieser Anfänger dennoch ein Sportler sein. Er ist zum Beispiel ein Radfahrer oder Bodybuilder. Als solcher hat er durchaus schon Erfahrung mit der Struktur eines Trainings, das heißt, wie man ein Regime aufbaut und sich in seiner Leistungsfähigkeit verbessert. Diesem Anfänger braucht man nur einen gewissen Aufbau für das Training an die Hand zu geben. Auch hier lohnt sich das Lesen des Kapitels „Wie baue ich mein erstes Training auf".

Ein weiterer Anfänger im Sinne dieses Buches ist der durch und durch untrainierte. Er liegt gern auf dem Sofa, schaut fern oder spielt Computer. Wie auch immer, alles was er tut hat nichts mit irgendeinem Training oder Sport zu tun. Dieser Anfänger sollte nicht nur das Kapitel „Wie baue ich mein erstes Training auf" lesen, sondern an das erste Training sehr langsam herangehen. Der Körper ist keine Belastung gewöhnt und muss an diese erst herangeführt werden.

Besondere Anfänger sind die, die kein Lauftraining oder irgendein anderes Training hinter sich haben, oder deren Training schon sehr viele Jahre zurückliegt, und die noch dazu ein Handicap aufweisen. Das kann Übergewicht oder ein hohes Alter sein. Dieser Gruppe ist zu sehr großer Vorsicht zu raten. Es nützt nichts, sich gleich am Anfang zu überanstrengen.

Dagegen bleibt festzustellen, wer kein Anfänger ist. Dazu gehören all diejenigen, die ein Lauftraining mit klaren Zielen entweder bereits absolvieren oder in der jüngeren Vergangenheit absolviert haben. Wichtig ist, dass sich das Training auf eine Bewältigung von langen Strecken bezog. Diese Gruppe von trainierenden können sich direkt an das Kapitel „Wie sieht das Training für Fortgeschrittene aus" wagen, denn hier sind die Grundlagen schon vorhanden.

Für alle Anfänger kann man sagen, dass das Training Spaß und Gesundheit bringen soll. Daher befolge man die Hinweise und Anleitungen immer soweit, wie es der eigene Körper zulässt. Auf der anderen Seite sollte man aber nicht schon bei kleinsten Belastung eine Pause einlegen.

Das Training als solches zielt darauf ab, den Körper an seine Grenzen zu führen. Tut man dies heute konsequent, wird sich der Körper wappnen und die Grenzen für morgen verschieben. Dieses Verschieben geht am Anfang leichter. Daher lassen sich bei einer regelmäßigen Anwendung der Trainingstipps sehr schnell Leistungssteigerungen feststellen. Diese werden auch später noch kommen, doch die Sprünge, die man macht, werden zu Schritten und dann zu kleinen Babyschritten. Das ist normal und man sollte sich nicht davon entmutigen lassen. Wer am Ball bleibt und immer weitergeht, der wird auch weiterhin seine Leistung steigern.

Man muss seinem Körper also einer Belastung aussetzen und lernen, auf die Reaktionen des Körpers zu hören. Gleichzeitig muss man lernen, die Reaktionen zu unterscheiden. Grundsätzlich kann man zwei Dinge feststellen. Zum einen kann der Körper meist noch dann lange weitermachen, wenn der Geist schon schlappgemacht hat. Darum haben sich die vorangegangenen Kapitel auch zuerst dem Geist gewidmet. Zum zweiten muss man sagen, dass der Körper ein wenig unehrlich ist. Er verfügt über Leistungsreserven, die er nicht so gerne hergibt. Diese muss man dem Körper aber abringen, damit er seine Grenzen verschiebt.

In anderen Worten, es ist wichtig, zu lernen, zwischen den Signalen zu unterscheiden. Darum wage man sich an das Training zuerst langsam heran. Dies erlaubt es, die Signale kennenzulernen und sie auseinanderzuhalten. Übertriebenes Training ist ebenso schädlich wie untertriebenes Training nutzlos ist. Erschöpfungsanzeichen wie Herzrasen sollte man unbedingt beachten, aber ein allgemeines aus der Puste sein ist noch lange kein Grund, gleich wieder aufzuhören.

Da man selbst seinen Körper am besten kennt und seine Signale am deutlichsten spürt, ist man auch selbst der beste Personal-Trainer für sich. Daher sind die nachfolgenden Trainingsanleitungen immer so zu verstehen, dass man sie im Konzert der eigenen Möglichkeiten und körperlichen Signale anwendet, versteht und entsprechend anpasst. Wer dies befolgt, wird ein interessantes und erfolgreiches Training erleben. Wer zu weit geht, wird sich beim Arzt wiederfinden und wer sich nicht genug abverlangt, wird keinen Fortschritt sehen.

Wie baue ich mein erstes Training auf

Oft liest man Versprechungen wie zum Beispiel einen Marathon in nur einem Jahr mit diesem oder jenem Trainingsplan. Das ist leider nicht so richtig. Für die absoluten Anfänger, also diejenigen, deren Körper sich nur noch schwach daran erinnert, was Laufen eigentlich ist, gilt ein Training von drei Jahren oder mehr, falls sie schon über 35 Jahre alt sind.

Wer sich wirklich und mit Leidenschaft an das Training machen will, sollte auch einen Gang zum Arzt in Erwägung ziehen. Während der Marathon selbst nicht unbedingt für Herztode verantwortlich ist, so ist es meistens die Herzkrankheit, die der Läufer mit sich herumträgt. Daher, bevor man an das Training geht, lässt man sich am besten von einem Arzt auf bisher verborgen gebliebene Herzerkrankungen untersuchen.

Wenn das geschafft ist und der Arzt sein Okay gegeben hat, kann es an das eigentliche Training gehen. Da wir hier Tipps für die absoluten Anfänger liefern, gehen wir einfach mal von einem Wissensstand von Null aus.

Der erste, wichtigste und immer im Kopf zu behaltende Fakt ist, dass ein Marathon eine Langstrecke ist. Es geht nicht zuerst um Geschwindigkeit, sondern um Ausdauer. Aus diesem Grunde sollte man ein drauflos Rennen mit großer Geschwindigkeit vermeiden. Wichtig ist, eine lange Strecke erfolgreich zu absolvieren.

Ist man ein absoluter Anfänger, dann wird es schwer für den Körper, eine kontinuierliche Laufleistung zu erzielen. Hier kann man ihm ein wenig unter die Arme greifen. Dazu erstellt man sich selbst einen kleinen Plan. Dieser besteht aus drei Phasen.

Die erste Phase ist die Aufwärmphase. Diese wird oft vergessen, sei es aus Unerfahrenheit oder Zeitdruck. Dennoch ist sie wichtig und sollte eingehalten werden. In der Aufwärmphase geht es darum, den Körper auf das Training einzustimmen und das Kreislaufsystem in Gang zu bringen. Dazu setzt man sich drei Intervalle. Jedes Intervall sollte eine Minute lang sein und dazwischen sollten bis zu zwei Minuten Pause liegen.

Im ersten Intervall läuft man schneller, als man trainieren würde, aber nicht mit voller Kraft. Dabei kann man im Kopf die Sekunden der einen Minute abzählen. Wer sich nicht so sicher fühlt, kann anstatt der einen Minute ein 30-Sekunden-Intervall benutzen. Dies sollte aber bald auf eine Minute erhöht werden.

Nach der ersten Minute, oder den ersten 30 Sekunden, folgt eine Pause von zwei Minuten. Dann wiederholt man das Intervall. Dieses Mal sollte man ein wenig schneller sein. Ist das geschafft, gibt es wieder eine Pause. Dieser folgt das dritte Intervall. Dieses sollte wieder so schnell wie das erste Intervall sein.

Nach den ersten drei Intervallen dehnt man sich am besten. Das eigentliche Training belastet die Sehnen und Bänder, daher sollte man diese auch vorbereiten. Die erste Übung ist mit durchgestreckten Knien und Rücken den Oberkörper vorzubeugen. Dabei sollte man die Fersen auf dem Boden lassen und versuchen, tief hinunter zu kommen. Es ist nicht nötig, den Boden oder die Zehen zu berühren, doch man sollte es zumindest versuchen.

Die zweite Dehnübung ist auf einem Bein zu stehen. Das andere

Bein winkelt man nur im Knie an und zieht es hinter dem Rücken, mit der Hand am Knöchel (nicht an den Zehen oder dem Fuß) nach oben. Beide Dehnübungen wiederholt man bis zu dreimal. Ist das geschafft, kann das eigentliche Training beginnen.

Das eigentliche Training ist wiederum ein Intervalltraining. Das Ziel ist es, einen kontinuierlichen Lauf über einen möglichst langen Zeitraum hinweg zu erreichen. Dazu nehmen wir eine Zielzeit. Für Anfänger mit Übergewicht oder im fortgeschrittenen Alter ist dieses Ziel 20 Minuten. Für Anfänger ohne dieses Handicap kann man gern 30 Minuten veranschlagen.

Die gesamte Zeit, ob nun 20 oder 30 Minuten, wird in Intervalle unterteilt. Als Anfänger kann man mit dem 2-zu-1-Intervall anfangen. Dabei kommen zwei Minuten Laufen auf eine Minute Gehen. Man schaut also auf die Uhr und los geht es. Immer zwei Minuten laufen und eine Minute gehen.

Das Laufen sollte mit niedriger Geschwindigkeit erfolgen. Das Ziel ist es, die vollen zwei Minuten zu laufen, ohne dabei abzubrechen. Ist das geschafft, folgt die eine Minute Gehen. Danach geht es wieder in die nächsten zwei Minuten Laufen.

Während dieses ersten Intervalltrainings sollte man sehr genau auf die Signale des Körpers lauschen. Ist man nach einer Minute Gehen voll regeneriert oder fühlt man sich nicht besonders belastet nach den zwei Minuten laufen, dann ändert man das Intervall.

Der nächste logische Schritt ist ein 3-zu-1-Intervall. Hier läuft man drei Minuten und geht anschließend für eine Minute. So erhöht man nach und nach die Zeit, die man ununterbrochen läuft. Das Ziel ist nicht die Geschwindigkeit, sondern die Laufzeit. Wann immer man denkt, man hat noch Kraft, dann läuft man nicht schneller, sondern dehnt die Länge des Laufintervalls aus.

Sind die 20 bzw. 30 Minuten um, folgt die dritte Phase, der Auslauf. Der Körper ist aufgeputscht und muss wieder heruntergefahren werden. In der absoluten Anfängerphase ist das Auslaufen nicht wirklich ein Laufen, sondern ein Gehen. Man geht einfach, wie bei einem Spaziergang, für wenigstens fünf weitere Minuten. So kann der Körper langsam herunterfahren.

Diese Trainingseinheit wiederholt man mehrmals die Woche. Am Anfang ist es am besten, dies an drei Tagen zu tun und zwischen zwei Tagen Laufen mindestens einen Tag der Ruhe zu haben, in der sich der Körper regenerieren kann.

In der ersten Zeit wird man sehr schnell Fortschritte bei sich verspüren, doch man sollte keineswegs übermütig werden. Der Kreislauf passt sich sehr viel schneller als die Muskeln und Sehnen an. Steigert man sich also zu schnell, läuft man Gefahr, sich zu verletzen.

Jedes Mal, wenn man merkt, man kann noch etwas mehr, dehnt man das Laufintervall im Verhältnis zum Gehen aus. Man hat die Anfängerstufe geschafft, wenn man die vollen 30 Minuten durchläuft, ohne auch nur ein einziges Mal zu gehen.

Für diejenigen, die mit 20 Minuten anfangen, gilt der Plan ein wenig anders. Wenn sie es schaffen, fünf Minuten am Stück zu laufen, sollten sie, anstatt die Laufintervalle auszudehnen, mehr davon absolvieren, bis auch sie ein Intervalltraining von insgesamt 30 Minuten, ohne Aufwärm- und Auslaufphase, durchhalten. Ist das geschafft, geht es wieder an das Ausdehnen des Laufintervalls, bis ein kontinuierlicher Lauf von 30 Minuten, ohne Pausen und ohne Gehen, erreicht wird.

Wer unter Zeitdruck leidet, kann leicht in eine Falle tappen, die es jedoch zu vermeiden gilt. Es ist nicht besser, kurze Strecken schnell zu laufen. Ein Marathon ist eine Langstrecke und so muss man auch trainieren. Es ist besser, nur einmal die Woche eine lange Strecke zu laufen als an mehreren Tagen eine kurze. Daher: Wer sich wirklich an den Marathon wagen will, muss die nötige Zeit dafür investieren.

Wie sieht das Training für Fortgeschrittene aus

Das Training für Fortgeschrittene gleicht im Grunde dem Training für die Anfänger, doch es bringt das Training auf das nächste Level. Wieder gilt es, drei Phasen einzuhalten: das Aufwärmen, das eigentliche Training und das Auslaufen.

Wie zuvor beim Anfänger, so sollte auch beim Fortgeschrittenen das Aufwärmen vor dem Training stattfinden. Wichtig ist, dass es sich dabei um ein Aufwärmen handelt und nicht einfach um eine weitere Trainingseinheit. Als Fortgeschrittener, der nun 30 Minuten laufen kann, ohne dabei zu unterbrechen, sollte das Aufwärmen aus drei Intervallen und einer Dehnphase bestehen.

Die Intervalle sind drei Laufeinheiten, jede zwei Minuten lang. Die erste Einheit wird mit mittlerer Geschwindigkeit, die zweite mit höherer Geschwindigkeit und die dritte ebenso schnell wie die erste absolviert. Zwischen den Laufintervallen sollten ein bis zwei Minuten Pause liegen. Danach folgt wieder das Dehnen der Beinmuskulatur wie im vorigen Kapitel beschrieben.

Ist der Körper aufgewärmt, kann es an das eigentliche Training gehen. Jeder, der bis hierhergekommen ist, sollte mindestens dazu in der Lage sein, 30 Minuten kontinuierlich zu laufen. Nun ist das Ziel, die Laufzeit und die Geschwindigkeit zu erhöhen. Noch immer ist das Maß eher die Zeit, die man kontinuierlich läuft, als die Strecke. Es geht darum, die Ausdauer an sich zu erhöhen.

Um weiter zu laufen, muss man den Kreislauf und die Muskulatur entwickeln. Dazu erhöht man langsam die Belastung. Wieder geschieht dies als Intervalltraining, diesmal jedoch ohne Gehen. Man teilt die Laufzeit, die 30 Minuten, in 5-zu-1-Intervalle auf. Man beginnt in den ersten fünf Minuten in dem gewohnten Tempo. Dann folgt ein Intervall von einer Minute mit höherer Geschwindigkeit. Diese sollte nicht so hoch sein, dass man alle Kraft verbraucht, dennoch sollte man schneller als das Grundtempo sein. Daraufhin folgt wieder ein Intervall von fünf Minuten, in welchem man das Grundtempo durchhält.

Fühlt man sich stark genug, dann wechselt man zu einem 4-zu-2-Intervall. Hier wechseln sich 4 Minuten Grundtempo mit zwei Minuten erhöhtem Tempo ab. Dabei sollte man immer darauf achten, sich in der Phase des erhöhten Tempos nicht komplett auszupowern.

Auf die Trainingsphase folgt wieder eine Auslaufphase von fünf Minuten Gehen. Danach kann man sich an die Dusche und die nächste Mahlzeit machen.

Läuft man die 30 Minuten in einem 4-zu-2-Intervall mit einem allgemein normalen Gefühl, dann wird es Zeit, das Training zu wechseln. Nun geht es an das Ausdehnen der Laufzeit. Der nächste Lauf wird wieder im Grundtempo absolviert, doch dieses Mal ist die Laufzeit nicht 30 Minuten, sondern 45 Minuten. Wer vor einer solchen Erhöhung zurückschreckt, kann es zuerst mit 35 Minuten wagen, doch wenn man die 35 Minuten absolviert und noch Energiereserven hat, sollte man einfach bis zu den vollen 45 Minuten weitermachen.

Die nächsten Tage wiederholt man das Training. Man beginnt mit dem Aufwärmen mit zwei Minuten Laufen, zwei Minuten Pause und das ganze dreimal und dem anschließenden Dehnen, dem 45 Minuten Laufen und dem fünf Minuten Gehen.

Fühlt man sich mit dem 45 Minuten Laufen einigermaßen wohl, geht es an die nächste Steigerung. Hier beginnt man mit dem bekannten Aufwärmen und Dehnen. Die Trainingsphase unterteilt man wieder in Intervalle. Dieses Mal beginnt man mit dem 5-zu-1 oder dem 4-zu-2, je nach eigenem Gefühl. Man läuft im Grundtempo für vier oder fünf Minuten, welches von zwei Minuten oder einer Minute erhöhten Tempo gefolgt wird. So geht es abwechselnd weiter, bis man die ganzen 45 Minuten im 4-zu-2-Intervall übersteht.

Während in diesem Trainingsabschnitt das Aufwärmen beibehalten wird, ändert sich jedoch das Auslaufen. Anstelle von fünf Minuten gehen, setzt man fünf Minuten, die im Grundtempo absolviert werden. Daraufhin folgen weitere fünf Minuten Gehen.

Ist man mit den 45 Minuten im 4-zu-2-Intervall gefolgt vom Auslaufen im Grundtempo und anschließendem Gehen einigermaßen glücklich, erfolgt der nächste Sprung. Nun geht es darum, im Grundtempo eine ganze Stunde zu laufen, ohne eine Pause zu machen und ohne zu gehen. Das abschließende Auslaufen kann wieder im Gehen bestehen und natürlich sollte man noch am Beginn eine Aufwärmphase mit Dehnung absolvieren.

Hat man es geschafft, eine Stunde in einem mäßigen Tempo, dem Grundtempo, zu absolvieren, dann herzlichen Glückwunsch. Nun gehört man wirklich zu den Fortgeschrittenen. Jetzt kann man darauf achten, welche Strecke man absolviert. Wichtig ist, dass im Folgenden immer mindestens eine Stunde ohne Unterbrechung gelaufen wird.

Die Strecke für den ersten Ein-Stunden-Lauf nimmt man als Grundlage. Nun kann man diese Strecke langsam erhöhen. Das erreicht man erst, indem man mit Intervallen schneller wird und dann, indem man die Strecken im Grundtempo ausdehnt. Die Aufwärmphase kann an dabei mit zwei Minuten in den besagten Tempi abwechselnd mit zwei Minuten Pausen laufend beibehalten und ebenso das Dehnen. Die Auslaufphase passt man dem Training an. Bleibt man im Grundtempo, dann ist die Auslaufphase ein fünfminütiges Gehen, lief man ein Intervalltraining, dann ist die Auslaufphase fünf Minuten Grundtempo plus fünf Minuten Gehen.

Für den eigenen Trainingsaufbau ist es im Weiteren wichtig, sich klare Ziele zu setzen, die auch erreichbar sind. Was man nicht braucht, ist ein Sprung von fünf Kilometern. Wenn man gerade die zehn Kilometer mit Intervalltraining, das heißt, vier Minuten Grundtempo und zwei Minuten höheres Tempo, schafft, dann sollte man nicht gleich zu den 15 Kilometer wechseln. Eine Erhöhung um einen oder zwei Kilometer ist ausreichend. Sollte sich das als immer noch zu leicht herausstellen, gut, dann läuft man eben beim nächsten Mal mehr.

Viele Trainingspläne, insbesondere solche, die einen erfolgreichen Marathon innerhalb eines Jahres versprechen, setzen ein Trainingspensum für jeden Tag an. Das ist jedoch falsch, besonders für den Anfang. Als Anfänger und auch als Fortgeschrittener sollte man seinem Körper Pausen geben, um sich wieder zu regenerieren. Tut man das nicht, dann baut man seine Form eher ab anstatt auf. Daher: Für den Anfänger sind drei Tage die Woche genug. Als Fortgeschrittener sind drei Tage ebenfalls ausreichend, wenn man will, kann man dies aber auch auf vier Tage steigern. Mehr als fünf Tage sollte man auf jeden Fall vermeiden. Hier sei nochmal erinnert, dass sich der Kreislauf schneller als die Muskeln und Bänder anpassen. Der Kreislauf macht das vielleicht sieben Tage die Woche mit, die Muskeln jedoch könnten Schäden erleiden, ebenso die Bänder. Am besten betrachtet man die Pausen nicht als Unterbrechung des Trainings, sondern als einen wesentlichen Bestandteil, in welchem der Körper seinen eigenen Beitrag zum Training leisten kann.

Die Strecke, die man läuft, kann man ruhig mal variieren, jedoch sollte man eine gewisse Kontinuität aufrechterhalten. Würde man immer eine neue Strecke laufen, mal abgesehen davon, dass es so viele Strecken gar nicht gibt, würde man kein Gefühl für die eigene Leistung erhalten. Wer sich drei oder vier Strecken aussucht, oder auch nur eine, und diese immer wieder nutzt, der weiß, wie schnell er wie weit kommt. Das erlaubt es, einen Überblick über die Leistung und damit über den Trainingserfolg zu haben.

Die Auswahl der Strecken sollte auch im Hinblick auf den Untergrund erfolgen. Wer immer auf asphaltierten Straßen läuft, gefährdet seinen Körper. Asphalt ist ein sehr harter Untergrund. Der eigene Körper bewegt sich ständig auf und ab. Dabei ist immer nur ein Bein auf dem Boden. Dieses wird dann nicht nur mit dem Gewicht, sondern mit dem sich *bewegenden* Gewicht belastet. Die Folge ist, dass die Knochen, Gelenke, Sehnen und Bänder weit stärkeren Kräften als gewöhnlich unterliegen. Das kann zur Ermüdung in deren Struktur und damit zu Überdehnungen, Bänder- oder Sehnenrissen oder sogar Brüchen kommen.

Als Laufstrecken eignen sich besonders Wald- und Wiesenwege. Nicht nur bieten sie einen federnden Untergrund, sie bringen auch frische Luft und die Natur sorgt für ein angenehmes Wohlgefühl.

Auf gute Laufschuhe sollte man auch achten. Heutzutage verfügen sie über leistungsfähige Dämpfungen, was den gesamten Bewegungsapparat entlastet. Dabei sollten die Schuhe nicht zu neu, aber auch nicht zu alt sein. Neue Schuhe sollte man erstmal ein wenig eintragen. Ältere Schuhe haben schon einiges an ihrer Dämpfungsfähigkeit verloren.

Das Ziel im fortgeschrittenen Training für den Marathon ist es, den Körper an eine lange Strecke zu gewöhnen. Wie man das macht, wurde soweit schon erläutert. Nun geht es um die zu erreichende Länge. Ein Marathon ist 42,195 Kilometer lang. Das bedeutet nicht, dass man nun jede Woche eine derartige Strecke bewältigen muss. Das Ziel im Fortgeschrittenentraining ist das Erreichen von 30 Kilometern.

Hat man das Ziel von 30 Kilometern erreicht, geht es um das Trainieren der Geschwindigkeit. Dazu startet man ein neues Trainingsregime. Um die 30 Kilometer nicht zu verlieren, sollte man fortan einmal die Woche 25 bis 30 Kilometer laufen. Dies sollte vorzugsweise immer am selben Tag sein. Wer also zum Beispiel am Montag viel Zeit hat, läuft die 25 bis 30 Kilometer eben am Montag, wer am Dienstag viel Zeit hat, erledigt dies am Dienstag uns so weiter. Es sollte aber immer nur einmal in der Woche sein, um den Körper nicht zu überlasten.

Ist man soweit gekommen, eignen sich vier Tage als Training in der Woche. Ein Tag ist nun mit den 25 bis 30 Kilometern belegt. Am nächsten Trainingstag läuft man am besten nur zehn Kilometer, dafür aber schneller. Den nächsten Trainingstag läuft man wieder im Grundtempo, diesmal aber 20 Kilometer. Dann folgt am Tag vier wieder ein Zehn-Kilometer-Lauf mit erhöhtem Tempo und dann beginnt man die nächste Trainingswoche. So läuft man abwechselnd eine lange Strecke, einmal die 25 bis 30 Kilometer und einmal die 20 Kilometer im Grundtempo und einmal eine kurze Strecke, die zehn Kilometer, in erhöhtem Tempo. Dabei sollten sich über die Zeit hinweg das Grundtempo und das erhöhte Tempo steigern.

Wie ist die Vorbereitung direkt auf den Marathon

Die letzten zehn Wochen vor dem eigentlichen Marathon sind nochmal eine Phase, in der man vieles richtigmachen muss und einiges falsch machen kann. Das Training muss intensiviert werden, aber man es sollte nicht übertreiben.

Wer unbedingt möchte, kann in den zehn Wochen unmittelbar vor dem Marathon seine Ernährung dahingehend bereichern, dass er mehr Kohlehydrate als zuvor ist. Während das in der anderen Trainingszeit nicht so wirklich nötig ist, kann es in der letzten, intensiven Phase doch etwas bringen. Mehr Informationen zum Thema Nahrung gibt es etwas später im Kapitel „Welche Ernährung kann mir helfen".

Der Körper ist nun sehr stark an die Leistung gewöhnt. Dennoch gilt auch in dieser Phase, die Erwärmung nicht zu vergessen. Anstatt der Technik wie im letzten Kapitel, sollte die Erwärmung nun in einer kurzen Laufphase ohne Unterbrechung von bis zu 20 Minuten Dauer und im mittleren Tempo bestehen. Daraufhin folgt die Dehnungsphase.

Hat man die Dehnung absolviert, kann das echte Training erfolgen. Nun gibt es keine Intervalle mehr, vielmehr geht es darum, ein stetiges Tempo zu finden und dieses, ebenso wie die Strecke, zu steigern.

In der vorigen Trainingsphase wurden schon die 30 Kilometer erreicht. Nun sollte man das Training auf vier Tage die Woche und zehn Wochen ausrichten. Dabei sollten sich die Lang- und Kurzstrecken abwechseln.

In den ersten vier Wochen kann das Training so aussehen, dass man am ersten Trainingstag 25 Kilometer im langsamen Tempo läuft. Danach folgt ein Tag Pause. Am nächsten Tag, dem zweiten Trainingstag, läuft man nur zehn Kilometer im mittleren Tempo. Der nächste Tag ist wieder eine Pause. Am dritten Trainingstag läuft man 20 Kilometer im langsamen Tempo. Nun gibt es keine Pause, sondern gleich am nächsten Tag erfolgt der vierte Trainingstag mit zehn Kilometern im mittleren Tempo. Die Tempos sollten langsam gesteigert werden.

In den zweiten vier Wochen verändert man nur einige winzige Details. Der erste Trainingstag ist nun den 30 Kilometern im langsamen Tempo vorbehalten. Danach folgt ein Tag Pause. Der zweite Trainingstag geht über zehn Kilometer im schnellen Tempo, gefolgt von einem Tag Pause. Der dritte Trainingstag sieht 20 Kilometer im mittleren Tempo vor und wird direkt gefolgt vom vierten Trainingstag mit zehn Kilometern in schnellem Tempo.

Eine kleine Abweichung gibt es in der letzten Woche der zweiten vier Wochen, also insgesamt der achten Woche. Hier wird der vierte Trainingstag nicht mit zehn Kilometern in schnellem Tempo gelaufen, sondern mit 35 Kilometern in langsamem Tempo. Hat man dies erfolgreich geschafft, kann man sich beglückwünschen, denn dann gelingt auch der Marathon.

Nun sind es nur noch zwei Wochen bis zum Marathon, die Woche neun und zehn. In der Woche neun läuft man nur noch abwechselnd zehn oder 15 Kilometer, also am ersten Trainingstag zehn Kilometer, am zweiten 15 Kilometer, am dritten wieder zehn Kilometer und am vierten wieder 15 Kilometer. Hierbei sollte man ein mittleres Tempo einhalten.

In der Woche zehn macht man einen Schritt zurück und geht wieder auf Zeit. An jedem Trainingstag läuft man nur noch 30 Minuten, dabei aber versucht man das Tempo hochzuhalten. Als nächstes folgt dann der erfolgreiche Marathon.

Wer möchte, und das ist auch empfohlen, sollte einen Marathon nach diesem Regime einmal für sich selbst versuchen, bevor er an den echten Marathon geht. Wenn man das tut, sollte man aber nicht zu dicht am echten Marathon sein. Zwischen den letzten 30 Kilometern oder mehr und dem Marathon sollten mindestens zwei Wochen liegen.

Die letzten Wochen sind noch einmal eine besondere Zeit der Anstrengung für den Körper. In den vorangegangenen Monaten konnte man bereits ein gutes Gefühl für den eigenen Körper aufbauen. Dieses sollte man nutzen, um nun sehr genau darauf zu achten, dass man sich nicht zu viel abverlangt. Andere Marathons werden kommen. Man sollte sich lieber langsam und erfolgreich an einen solchen heranarbeiten als überstürzt und mit Gesundheitsschäden. Daher ist es besser, wenn man das Gefühl hat, der Körper kann nicht mehr, einen Gang herunterzuschalten und es später noch einmal zu versuchen.

Man sollte das Training nicht ganz abbrechen, sondern vielmehr auf das Maß reduzieren, das der Körper bewältigen kann. Auch wenn ein Marathon die Königsdisziplin ist, so geht es doch im Wesentlichen um die Gesundheit und den Spaß am Sport.

Welche Hilfsmittel kann ich nutzen

Wer läuft, braucht Kraft und Ausdauer. Dazu kommt ein allgemein gesunder körperlicher Zustand. Manch einer jedoch will einen Marathon laufen, um zum Beispiel abzunehmen. Ein anderer möchte einfach nur fit sein und wieder ein anderer sucht den echten Wettbewerb. Die Ausgangslage ist dabei sehr unterschiedlich und kann von fit bis nicht mehr so jung und übergewichtig reichen. Nicht jeder sollte einfach so, mir nichts, dir nichts, mit einem Marathontraining beginnen. Andere sollten das Training erweitern und dann sind da noch die Technikliebhaber, die überall ihre Spielzeuge brauchen. Für all diese haben wir hier ein paar technische Hilfsmittel zusammengefasst.

Das erste Hilfsmittel ist für die Läufer, die nicht mehr so jung sind oder an Übergewicht leiden. Für diese kann es sich lohnen, das Training ganz schüchtern am Fahrradergometer zu beginnen. Während natürlich das Training auf einem solchen Ergometer nicht wirklich ein Lauftraining ist, gibt es doch einige Gemeinsamkeiten und ein Ergometer hat sogar einige Vorteile.

Wie das Laufen, so trainiert auch das Fahrrad die Ausdauer. Die Beinmuskulatur, die für das Laufen zuständig ist, wird auch für das Bewegen der Pedale benötigt. Man trainiert also den Körper in einiger Hinsicht im vergleichbaren Maße.

Die Vorteile des Ergometers sind vor allem ein Schonen der Gelenke, Knochen, Bänder und Sehnen. Die Beine müssen nicht den schweren Körper immer mit dem ganzen Gewicht auf nur einem

Bein tragen. Vielmehr sitzt man, aber man beansprucht dennoch die Muskulatur, Sehnen und Bänder. So stärkt man diese und bereitet sie auf das eigentliche Training vor. Gleichzeitig wird eventuell vorhandenes Übergewicht abgebaut.

Weitere Vorteile sind, dass man das Training in den heimischen vier Wänden oder im Fitnesscenter absolvieren kann. In den eigenen vier Wänden erspart man sich die Blamage vor Anderen. Dort wird das Training auch noch interessanter, weil man im Fernsehen die neuesten Nachrichten verfolgen oder sich einen interessanten Film ansehen kann. Das hilft vor allem ausgesprochenen Fitnessmuffeln, sich zu überwinden. Im Fitnesscenter kann man schnell Hilfe bekommen, sollte man es mit dem Training doch mal übertreiben.

Ein weiterer Vorteil des Fahrradergometers sind die TrainingscomputermiteinemreichenAngebotanTrainingsprogrammen. So kann man die eigene Fitness steigern und eine Grundlage für das eigentliche Training schaffen, ohne sich zu überanstrengen.

Da man mit dem Fahrradtrainer drinnen trainiert, wird man damit unabhängig vom Wetter. So steht einem diese Ausrede schon mal nicht zur Verfügung. Hat man eine gesunde Einstellung zum Training entwickelt und auch gemerkt, wie sehr es das eigene Leben bereichert, wird einen das Wetter dann beim echten Laufen draußen auch keine Ausrede mehr wert sein.

Sollte man sich als Beginn für sein Training für ein Fahrradergometer entscheiden, sollte man drei einfache Dinge beachten. Erstens, das Fahrrad sollte eine gute Qualität haben und in der Größe und dem Widerstand einstellbar sein. So schafft man den nötigen Komfort und Trainingseffekt. Es sollte die Möglichkeit bieten, einen Pulsmesser anzuschließen. So kann man seinen körperlichen Zustand während des

Trainings im Auge behalten. Das ist besonders für solche Personen zu empfehlen, die schon im Alter oder im Gewicht recht fortgeschritten sind. Als drittes sollte eine Schnittstelle für Trainingscomputer vorhanden sein. So kann man sich das Training mit entsprechenden Programmen abwechselnder und gleichzeitig anspruchsvoller gestalten.

Noch besser als ein Fahrradergometer ist ein Laufband. Das hilft nicht nur den Anfängern, sondern auch denen, die in der Stadt wohnen. Dort bedrohen die Abgase des Verkehrs die Lungen, dort ist das Laufen auf dem Asphalt sehr viel schädlicher für die Gelenke und der Verkehr selbst, mit seinen Ampeln, verhindert oftmals ein kontinuierliches Rennen. Wer nicht immer die Zeit hat, in den Park zum Laufen zu gehen, kann diesen in sein eigenes Heim holen. Ein paar Zimmerpflanzen und ein Laufband und schon kann der Spaß beginnen.

Heutzutage haben gute Laufbänder ein Schwungrad. Dieses ermöglicht einen besseren Bewegungsablauf als zum Beispiel ein Stepper. Die sind gedämpft, so vermeidet man den Schock bei jedem Auftreten. Das schont die Gelenke, Bänder, Sehnen und Knochen, ähnlich wie bei dem Fahrradergometer. Anders als das Fahrrad, ermöglicht ein Laufband trotz des Schonungseffektes einen Bewegungsablauf, der weit mehr dem eigentlichen Joggen entspricht. So wird der Bewegungsapparat realistischer auf die Belastung vorbereitet.

Gute Laufbänder lassen sich in ihrem Laufwiderstand und ihrer Neigung einstellen. So kann man Hügel simulieren oder einfach nur den Trainingseffekt durch mehr Belastung erhöhen. Wie die Ergometer, so sind auch die Laufbänder vom Wetter unabhängig. Stellt man sie daheim auf, erspart man den Weg zur Trainingsstrecke und stehen sie im Fitnessstudio, dann ist Rat und notfalls Hilfe nicht weit.

Wie beim Ergometer sollte man auch hier auf ein paar Dinge achtgeben. Zum einen sollte das Band breit genug sein. So bieten sie Sicherheit gegen ein Herunterfallen. Wie beim Ergometer, so sollte auch das Laufband über Schnittstellen verfügen. Eine ist für die Pulsmessung nötig, damit man einen Überblick über die eigene Belastung hat und die andere ist für den Trainingscomputer. Dank der vielfältigen Trainingsprogramme ist so ständig wechselndes und damit immer interessantes Training möglich.

Ein weiteres Mittel ist der Crosstrainer. Ähnlich einem Ergometer und einem Laufband kann man ihn daheim einsetzen. Dazu kommen die Schnittstellen für die Pulsmessung und Trainingscomputer. Crosstrainer haben Pedale und eine Unterstützung durch Hebelarme. So wird die Belastung für die Beine ähnlich den Schritten beim Laufen gehalten, aber dank der Unterstützung durch die Arme nicht so hochgetrieben. Dadurch, dass die Füße während des ganzen Bewegungsablaufes auf den Trittflächen aufliegen und diese sich ellipsen- oder kreisförmig bewegen, werden die Gelenke und so weiter geschont. Die Trittflächen sollten dabei groß genug sein und einen hohen Rand aufweisen, um ein Abrutschen während des Trainings zu verhindern.

Sowohl Fahrradergometer, Laufband als auch der Crosstrainer sind bei weitem nicht genug, um sich auf einen Marathon vorzubereiten. Das ist aber auch nicht nötig. Sie sollen nur eine Grundlage bilden und unter Umständen ein begleitendes Training bieten. Ersteres wurde schon erläutert. Als Grundlage bieten sie eine gesteigerte Fitness und trainierte Muskulatur. Als Begleittraining eignen sich die Laufbänder besser. Damit kann man einen der Trainingstage, bei drei Tagen in der Woche, oder zwei Trainingstage, bei vier Trainingstagen in der Woche, in das eigene Heim verlegen. Neben der gesteigerten Bequemlichkeit spricht auch die Abwechslung und die Wetterunabhängigkeit dafür.

Pulsuhren und Fitnessarmbänder sind eine nützliche Hilfe für das echte Lauftraining. Sie eignen sich für den Anfänger ebenso wie für den Fortgeschrittenen. Sie messen die Menge der gemachten Schritte und den Herzschlag. Dadurch erhält man eine Messung der zurückgelegten Strecke und kann seinen körperlichen Zustand im Auge behalten. Ersteres hilft beim Training, so dass man immer genau verfolgen kann, ob man seine Strecke ausbaut. Letzteres hilft bei der Überwachung, ob man sich genug, aber nicht zu viel abverlangt. Für Übergewichtige kann ein Fitnessarmband auch die verbrauchten Kalorien messen, so dass man sieht, ob man damit auch abnimmt. Sollte man mal eine neue Strecke ausprobieren und sich verlaufen, haben die meisten Fitnessarmbänder auch ein eingebautes GPS, so dass man nicht verloren geht. Dazu bieten diese kleinen Helfer eine Menge Fitnessprogramme. Man kann auch seine Fitnessdaten damit speichern und mit Freunden austauschen, soweit man das will. Oft genug bietet dies eine verstärkte Motivation zum Training.

Ob man nun die Hilfen hier wirklich benötigt oder einfach eine kleine technische Spielerei mag, die vorgeschlagenen Mittel bieten tatsächlich Unterstützung vor allem für die Anfänger. So kann man für sein Training eine sichere Grundlage bilden und sich von dort aus steigern. Hinsichtlich der Pulsuhren oder der Fitnessarmbänder, diese sind für die Anfänger und Fortgeschrittene gleichermaßen empfehlenswert. So behält man seinen Fitnesszustand genau im Auge und kann seine Belastung entsprechend anpassen.

Welche Ernährung kann mir helfen

Für ein erfolgreiches Lauftraining ist es sehr wichtig, die eigene Nahrung ein wenig darauf einzustellen. Wie weit man dabei gehen möchte, hängt vom eigenen Körper und vom Training ab. Je schneller man seine Leistung steigert, desto schneller muss man entsprechend mit der Nahrung die benötigten Stoffe nachführen.

Eine wichtige Tatsache, die man über das Training wissen muss, ist, dass man damit seinem Körper schweren Schaden zufügt. Das ist der ganze Sinn des Trainings. Man verbraucht die Nahrungsstoffe, raubt die Reserven aus, beschädigt Muskelfasern und überlastet das Kreislaufsystem. Dies ist aber auch gewollt, denn so zeigt man dem Körper, dass das vorhandene System nicht stark genug ist. Nach dem Training beginnt die Regeneration. In dieser Phase werden die zerstörten Fasern wieder aufgebaut und der Körper rundherum gestärkter, als er vor dem Training war. Daraus folgt zweierlei.

In erster Linie bringt das Training einen Effekt, der sich erst nach dem Training auszahlt. Daher sollte man nach dem Training dem Körper entsprechend Ruhe gönnen und ihn an seiner Reparatur arbeiten lassen. Gleichzeitig erklärt dies, warum ein zu starkes Training schlecht ist. Dadurch wird nämlich dem Körper mehr Schäden zugefügt, als er reparieren kann, während man ihm damit auch noch bei einem zu intensiven Training die so wichtigen Erholungspausen vorenthält.

In zweiter Linie muss man dem Körper nun die Stoffe zuführen, die er zur Regeneration braucht. Dazu sollte man vor allem bunt gemischt und reichhaltig essen. Das Essen sollte auch zeitlich mit dem Training abgestimmt werden.

Vor dem Training sollte man nichts schwer Verdauliches zu sich nehmen. Gleiches gilt für Eiweiße. Ein Training gleich nach einer Hauptmahlzeit ist absolut nicht zu empfehlen. Am besten wartet man zwei Stunden damit, so kann sich der Körper auf die Verdauung konzentrieren und steht danach voll für das Training zur Verfügung.

Nach dem Training braucht der Körper unbedingt wieder Nahrung. Das Training hat die Reserven erschöpft. Was der Körper hergab, um die Laufstrecke zu bewältigen, fehlt nun für die Regeneration. Daher ist es nun am besten, wieder Nahrung zuzuführen. Außerdem ist der Stoffwechsel für ungefähr zwei Stunden nach dem Training erhöht. Das erlaubt es, die Nahrung direkt für die Regeneration zu verwenden, anstatt Fettzellen zu bilden.

Wie gesagt, das Essen während der Zeit des Trainings sollte bunt gemischt sein. Darin sollten Milchprodukte, Fisch, Fleisch, Getreide, Brot, Nudeln, Obst, Gemüse, Nüsse, Fett und Öl enthalten sein. Mehr als die Hälfte der Nahrung sollte aus Kohlehydraten bestehen und die andere Hälfte aus Fett und Eiweiß kommen. Damit hat der Körper genug Baustoffe, um die Zellen wieder zu regenerieren.

Kleine Tricks helfen aber auch hier. Ein solcher Trick ist zum Beispiel Kuchen. Wer oftmals Hunger während des Trainings oder kurz davor verspürt, kann diesen mit einem Stück Kuchen direkt vor dem Training bekämpfen. Das klingt widersinnig? Interessanterweise ist es das nicht.

Kuchen, nicht Torte, ist normalerweise nicht schwer verdaulich, besonders dann nicht, wenn es nur ein Stück davon ist. Weiterhin verfügt Kuchen über viel Zucker. Gerade Zucker führt dem Körper einen großen Schub an rasch verfügbarer Energie zu, also genau das, was man beim anschließenden Training benötigt.

Direkt nach dem Training sollte man sich an Kohlehydrate und Proteine halten. Diese helfen bei der Regeneration der Muskeln am meisten. Die Kohlehydrate füllen die Kraftreserven wieder auf und die Proteine bilden die Bausteine für die neuen Muskelfasern. Interessanterweise braucht man seine Zufuhr an Kohlehydraten den Tag über nicht zu erhöhen. Das mag wieder widersinnig klingen, ist es aber wieder einmal nicht. Die heutige Ernährung ist so gut, dass die meisten Menschen so viele Kohlehydrate zu sich nehmen, wie sie ein Leistungssportler braucht. Anstatt also deren Menge zu erhöhen, schiebt man sie nur auf den richtigen Zeitpunkt.

Nun muss man ein wenig von dem „durchschnittlich" und „normal" abgehen. Viele Menschen sind heutzutage Verweigerer, wenn es um Obst und Gemüse geht. Was im alltäglichen Leben schon ungesund ist, kann im Training gefährlich werden. Obst und Gemüse liefern eine Menge Mineralien. Fehlen diese, kann es zu plötzlichen Krämpfen kommen. Das ist nicht nur schmerzhaft, das kann unter Umständen sogar zu Unfällen führen oder schwere gesundheitliche Schäden nach sich ziehen. Darum sei hier an die Gemüse- und Obstmuffel appelliert, sich diesen wieder vermehrt zuzuwenden. Wer sich partout nicht dazu überwinden kann, das Gemüse neben dem Steak zu essen, dem geben wir hier drei Tipps.

Erstens, jeden Morgen nach dem Aufstehen kann man sich einen Apfel gönnen. Das reicht am Anfang des Trainings aus. Mit steigender Leistung kann man das noch mit einem zweiten Apfel nach dem Mittagessen ergänzen. Ein Apfel am Abend bringt weniger, denn dann hat sich das Defizit schon ausgewirkt.

Wer auch dem Apfel nichts abgewinnen kann, der kann sich

unmittelbar vor dem Training eine Banane einverleiben. Diese ist ebenfalls sehr reich an Mineralien. Unmittelbar vor dem Laufen gegessen, gibt sie dem Körper die Mineralien genau dann, wann er sie am meisten braucht.

Wer sich nicht so recht an die Banane heranwagt, dem sei hier noch eine letzte Möglichkeit gegeben. Gurken und Tomaten kann man als einen Salat gemischt oder abwechselnd essen. Das bringt den Mineralienhaushalt ebenfalls wieder dorthin, wo er hingehört.

Zusätzlich zum Essen eignen sich auch Shakes oder Smoothies. Diese kann man im eigenen Mixer herstellen und ordentlich mit gesunden Produkten anreichern. Der beste Moment, sie zu trinken, ist nach dem Training. Hier bekommt der Körper die Mineralien, Baustoffe und Vitamine in einer leicht bekömmlichen Form. Er kann sie also sehr schnell der Regeneration der Muskelfasern zufügen.

Gewisse Nahrungsergänzungsmittel sind ebenfalls okay. Sie haben oft einen schlechten Ruf, weil sie entweder zu hoch dosiert werden oder man sie zur falschen Zeit einnimmt oder weil man eines der billigen Produkte erwischt, die nicht wirklich helfen.

Nahrungsergänzungsmittel sind meist für Bodybuilder gemacht, die ihre Muskel so richtig schaden. Daher sollte man ihre Dosierung für einen Läufer grundsätzlich geringer ansetzen. Bei der Auswahl muss man darauf achten, dass sie nicht nur aus Zucker und Koffein bestehen. Während ein gewisser Zuckeranteil nicht schlecht ist, braucht man vor allem Kohlehydrate, Proteine und Vitamine. Sind diese ausreichend enthalten, kann man es ruhig mal probieren. Die Gesundheit wird dadurch nicht geschadet. Man kann sich diese Nahrungsergänzungsmittel auch selber mischen. Man benutze nur den

Mixer und füllt ihn mit allem, was man für einen Shake braucht und fügt noch Kohlehydratträger, Proteine, Vitaminträger und ein wenig extra Zucker hinzu.

Der beste Zeitpunkt für die Nahrungsergänzungsmittel ist entweder eine halbe Stunde vor dem Training oder direkt nach dem Training. Enthält das Mittel mehr Koffein und Zucker, dann nimmt man es besser vor dem Training ein. Sind Kohlehydrate und Vitamine verstärkt enthalten, dann ist es besser direkt nach dem Training.

Zusammenfassend kann man also sagen, solange man seinen Hunger befriedigt und dabei abwechselnd Fleisch, Fisch, Obst, Gemüse, Nudeln und Brot zu sich nimmt, ist man auf der richtigen Seite. Man vermeide nur den vollen Magen vor dem Training und den Hunger danach.

Welche Fehler sollte ich vermeiden

Das Training zum Marathon und der Marathon selbst bieten eine Menge. Dazu zählen Herausforderung, Strapazen, Gesundheit aber auch Regeln. Einige der Regeln dienen der eigenen Gesundheit und dem Trainingserfolg, andere dienen der allgemeinen Etikette und dass man Spaß daran hat, einen Marathon gemeinsam mit den anderen Läufern zu absolvieren. Um auch wirklich nichts falsch zu machen, haben wir die gröbsten Fehler hier zusammengetragen.

Der schlimmste Fehler im Training ist, dieses zu übertreiben. Man hat sich einen Plan erstellt oder erstellen lassen. Ist der Plan zu ambitioniert, dann wird der Körper einem das schon mitteilen. Ein wenig außer Atem zu sein gilt dabei nicht. Was jedoch beachtet werden muss, ist, wenn man Herzstechen bekommt. Hier liegt eine echte Überforderung vor und man sollte unter Umständen sogar den Arzt aufsuchen.

Ein anderes Zeichen für körperliche Überlastung ist ein Brennen. Dies tritt oftmals in den Beinen auf. Im Training selbst kann das noch normal sein, nach dem Training jedoch, bei den üblichen Tätigkeiten, sollte es nicht auftreten. Falls doch, dann hat man es übertrieben.

Übertriebenes Training schadet dem Körper. Wenn man also merkt, dass der Körper nicht mehr weiterkann, dann muss man ihm eine Pause gönnen. Nach der sollte man das Trainingsprogramm ein wenig zurückschrauben, denn sonst findet man sich schnell in der gleichen Lage wie vor der Pause wieder.

Ein genauso schlimmer Fehler ist, das Training einfach mal ausfallen zu lassen. Liegen keine körperlichen Gründe vor, dann sollte man an seinem Trainingsplan festhalten. Es geht schließlich um das große Ziel, den Marathon. Lässt man sich schon auf dem Weg dorthin ablenken, dann wird man das Ziel nie erreichen.

Die Ausreden für einen einmaligen Trainingsausfall sind zahlreich. Die erste und einfachste ist, dass man einfach am nächsten Tag trainiert. Das funktioniert jedoch nicht. Stattdessen sollte man es sich selbst beweisen und einfach heute damit anfangen.

Eine andere Ausrede ist das schlechte Wetter. Dabei haben wir aber schon festgestellt, dass jedes Wetter ein Grund zur Freude ist und für das Training eine willkommene Gelegenheit bietet. Besonders die Harten trainieren auch bei schlechtem Wetter. Will man nicht gerade beweisen, dass man hart ist, indem man bei einem Marathon mitmacht? Daher glücklich sein über das schlechte Wetter und frisch ans Werk. Wozu gibt es denn die wetterfeste Kleidung?

Eine andere Ausrede sind die vielen kleinen Wehwehchen. Dabei ist es sehr wichtig, festzustellen, dass echte Sportverletzungen behandelt gehören. Davon abgesehen gibt es aber auch die kleinen Zipperlein. Diese muss man natürlich erkennen lernen und ihnen nicht zu viel Beachtung schenken.

Das Gefährliche an all diesen Ausreden ist, dass man sie heute benutzt und morgen wiederholt. Dadurch setzt sich der einmalige Trainingsausfall bis zum Trainingsabbruch fort. Man sollte einfach nicht dem inneren Schweinehund nachgeben. Dies ist nicht ein einmaliger Akt, sondern ein konstanter Kampf.

Umgekehrt ist es aber auch ein Fehler, das Training über die eigenen Freunde zu stellen. Während man nicht so einfach jeder Ausrede folgen sollte, um das Training ausfallen zu lassen, kann man es doch auch mal ein wenig anpassen. Wollen Freunde mit einem ausgehen, dann trainiert man ein wenig früher und hat dann den Abend für sie Zeit. Außerdem wird man wohl kaum jeden Tag von seinen Freunden in Beschlag genommen. Wer am Abend wegen der Freunde nicht trainieren kann, tut es halt am Morgen oder umgekehrt. Wichtig ist, sich für die Freunde Zeit zu nehmen. Es bringt einfach nichts, sich für einen Marathon in eine super Form zu bringen und dann allein im Ziel dazustehen. Erfolg bringt nur etwas, wenn man ihn mit Freunden und Verwandten teilen kann.

Naht der Wettkampf, vor allem wenn es der erste ist, dann treten plötzlich eine Menge neuer Beschwerden auf. Das liegt daran, dass man als Läufer natürlich von Haus aus auf seinen Körper lauscht. Man möchte wissen, ob man das Training übertreibt oder sich alles im grünen Bereich befindet. Das ist natürlich gut und lobenswert, doch es hat eine kleine Nebenwirkung. Wer anfängt, alles genau zu checken, der wird auch immer etwas finden. Was normalerweise unter der Schwelle der Wahrnehmung bleibt, wird dann gesehen, wenn man danach sucht. Ein anderes Wort dafür ist Hypochondrie. Ein Fehler wäre es nun, all den neuen Wehwehchen allzu viel Beachtung zu schenken.

Es sind mehr Läufer Hypochonder, als man das glauben mag. Im Grunde genommen ist man mit diesem Hobby geradezu dazu disponiert, ein Hypochonder zu werden, schließlich bringt man einen Großteil seiner Freizeit mit einer sehr zeitraubenden und langweiligen Beschäftigung zu, um seinem Körper etwas Gutes zu tun. Dessen muss man sich bewusst sein.

Neben der allgemeinen Anfälligkeit für eingebildete Krankheiten bringt die Zeit vor einem Wettkampf, oder eben dem Marathonlauf, eine erhöhte Nervosität, die bis zur Panik reichen kann. Die Folge ist, dass hypochondrische Wahrnehmungen gewaltig zunehmen können. Die meisten Läufer bekommen neue Beschwerden innerhalb der zwei Wochen unmittelbar vor einem Wettkampf. Das kann von einer juckenden Nase, zwickenden Muskeln oder neuen Wehwehchen bis hin zu Atembeschwerden gehen. Wichtig ist auch hier wieder, die echten von den eingebildeten Wahrnehmungen zu trennen. Dazu bedarf es ein wenig Kenntnis über den eigenen Körper. Außerdem sollte man beruhigend auf sich selbst einwirken.

Auf der anderen Seite muss man sich davor hüten, das genaue Gegenteil zu tun, das wäre genauso falsch. Manchmal sind die Krankheitssymptome echt. Das Wichtigste ist, festzustellen, wie schlimm es ist. Wer nur ein kleines Kratzen im Hals hat, ist nicht wirklich krank. Echte Halsschmerzen dagegen sind natürlich eine Krankheit. Ebenso ist Fieber ein absolutes Warnsignal und man sollte vom Sport erstmal absehen. Gleiches gilt bei Schwellungen der Gelenke, Dauerhusten oder Husten mit Auswurf. Hier gilt auch nicht irgendeine Regel über das Abhärten. Man kann sich abhärten, wenn man gesund ist, aber nicht, wenn man ohnehin schon von einer Krankheit geschwächt ist. Daher, wer krank ist, pausiert.

Ein Marathonlauf ist eine öffentliche Veranstaltung. Man ist von einer Menge Leute umgeben und der Körper tut, was er immer macht, er produziert Flüssigkeiten. Ein grober Fehler wäre es, einfach die ganze Zeit auszuspucken, den Rotz hochzuziehen oder ähnliche Aktionen. Wer natürlich gerne allein läuft, kann so seine Mitläufer vergraulen, bis man ihn nicht mehr sehen will. Wer jedoch ein wenig Kinderstube erhalten hat, wird von solchen Aktivitäten einfach absehen.

Gleiches gilt für gewisse Geschäfte, die auf gewisse Örtchen gehören. Jeder sollte vor einem Marathon die Toilette aufsuchen, dies gilt für das große Geschäft noch viel mehr als für das kleine. Wer dennoch unterwegs einen entsprechenden Drang verspürt, sollte sich unter Kontrolle halten, bis ein Dixi in Sicht kommt. Das Publikum, die Mitläufer und der eigene Anstand werden es danken. Übrigens sollte das keinesfalls als Hinweis verstanden werden, nicht genug zu trinken. Auch wenn man viel trinkt, wird man bestimmt nicht so schnell auf das stille Örtchen müssen. Das liegt vor allem daran, dass man das meiste gleich wieder ausschwitzt.

Ein weiterer Kardinalfehler ist die falsche Kleidung. Man hat schon einiges an Erfahrung mit Kleidung während des Trainings für den Marathon gesammelt. Wichtig ist, jetzt nicht extra für den Marathon neue Kleidung anzuschaffen. Die eingelaufenen Schuhe und eingetragene Kleidung ist am besten. Das ist so gleich aus mehreren Gründen. Zum einen haben sich die Schuhe und die Kleidung an den Körper angepasst. Weiterhin sind sie nicht mehr so hart wie kurz nach dem Kauf. Weiterhin kennt man sie. Neue Kleidung, so gut sie auch im Geschäft gepasst hat, mag beim echten Lauf doch ein wenig scheuern. Das kann sowohl an den Brustwarzen oder der Innenseite der Schenkel für große Probleme sorgen. Ein Marathonlauf ist lang, da will man nicht auch aufgescheuerte Haut mit den damit zusammenhängenden Wunden bekommen. Für ganz empfindliche Fälle gibt es noch einen besonderen Tipp. Die Brustwarzen kann man mit Pflastern, entsprechend zugeschnitten, überkleben. Dann scheuert die Kleidung über das Pflaster, nicht die Haut.

Ein weiterer, oft ignorierter Punkt ist das Doping. Das muss man nun nicht gerade professionell betreiben. Einige Läufer nehmen Schmerztabletten. Damit meinen sie, noch nicht die Schwelle zum Doping überschritten zu haben. Ihre Absicht ist es, im echten Lauf mehr Leistung zu bringen, weil sie die Schmerzen des Körpers nicht mehr spüren. Das ist ein Fehler in gleich mehrfacher Hinsicht.

Als Erstes muss man sagen, dass die Einnahme von Schmerzmitteln sehr wohl Doping darstellt. Damit erhält man einen Vorteil, den man nur als unfair bezeichnen kann. Darüber hinaus ist die erbrachte Leistung nicht mehr die eigene Leistung, sondern die Leistung des Medikaments. Es war schließlich das Medikament, nicht das eigene Training oder die eigene Überwindung, die den Erfolg gebracht hat.

Weiterhin muss man auch feststellen, dass jedes Medikament, auch und insbesondere Schmerzmittel, Nebenwirkungen haben. Diese steigen mit einer vermehrten Einnahme natürlich an. Wer also besagte Schmerzmittel regelmäßig einnimmt, riskiert so einiges. Darunter fallen Schäden an den Nieren und anderen Organen, aber auch das Aufkommen von Schmerzen. Was viele nämlich nicht wissen ist, das Schmerzmittel, bei einer längeren Einnahme und vor allem bei höheren Dosen, selbst Schmerzen verursachen können. Gleichzeitig haben sie auch eine süchtig machende Wirkung. Daraus entsteht ein Teufelskreis. Man nimmt die Schmerzmittel, um die Schmerzen während des Trainings zu mindern. Über eine gewisse Zeit hinweg verursachen die Schmerzmittel selbst weitere Schmerzen. Daher nimmt man noch mehr davon ein. Davon wird man gleichzeitig so abhängig, dass eine Nichteinnahme selbst wiederum starke körperliche

Symptome auslösen kann. Um das zu vermeiden gibt es nur einen Weg: Finger weg davon!

Wer sich nun aber sagt, er nehme die Schmerzmittel nur für den eigentlichen Lauf, liegt damit immer noch falsch. Zum einen ist es weiterhin Doping. Zum anderen können Schmerzmittel kurzfristig Magenbeschwerden und Übelkeit auslösen. Man nimmt sie also, um das Laufen leichter zu machen und macht es nur noch schwieriger damit.

Das ist aber noch nicht alles. Schmerzmittel können den Schmerz überdecken, gut und schön. Doch wie will man ohne eine natürliche Schmerzwahrnehmung feststellen, wenn man sich überfordert. Die Folge können Verletzungen oder ein körperlicher Zusammenbruch sein. Daher noch einmal, Finger weg von dem Zeug.

Was auch immer wieder vorkommt, aber nicht vorkommen sollte, sind die Neider. Jeder, der an einem Marathonlauf teilnimmt und es durchsteht, ist ein Gewinner. Man muss nicht dem, der als Erster durch das Ziel gelaufen ist, den Erfolg neiden, denn man hatte ja ebenfalls Erfolg. Man muss also keine Vorwürfe vorbringen, wie, dass der Andere einfach mehr trainiert hat, man in jüngeren Jahren ebenfalls gewonnen hätte oder sich mit mehr Geld seinen eigenen Trainer leisten würde. Das bringt nicht nur nichts, es ist auch grundsätzlich falsch und macht nur schlechte Stimmung. Wenn man mit mehr Training ebenfalls gewinnen würde, na dann gut, dann sollte man auch mehr trainieren und dann das nächste Mal gewinnen. Niemand braucht einen Personal-Trainer und jeder wird älter. Das ist alles nichts, was man anführen sollte. Stattdessen kann man sich über die Leistung der anderen und der eigenen Leistung einfach nur freuen.

Fazit

Ein Marathonlauf ist die Königsdisziplin für das Laufen. Für viele hat es den gleichen Stellenwert wie der Ritterschlag der alten Zeit. Dabei wird oftmals auch das Training so betrieben, dass der eigentliche Marathonlauf nur im Wettkampf stattfindet, die Strecke in dieser Länge aber nicht im Training abgelaufen wird. Daran ist nichts auszusetzen. Man muss sich jedoch bewusst sein, dass ein Marathonlauf eine gehörige Anstrengung für den Körper darstellt und man diese nicht auf die leichte Schulter nehmen sollte.

Das Anstrengendste am Marathon ist oftmals nicht das Laufen als solches, sondern die Zeit, die anstrengend und oftmals langweilig ist. Daher sollte man sich Strategien dafür vorbereiten. Hier wurde einiges zum Begrübeln geliefert, wie zum Beispiel die Geschichte vom Boten von Marathon und der Schlacht, deren Sieg für die Athener er verkündete. Da ist die Geschichte von der Länge des Marathons im Angesicht des britischen Königshauses. Da waren die Waffenläufe. Was immer auch davon einen extra Ansporn für einen darstellt, man nutze es nach Kräften. Vielleicht hilft einfach auch nur das Nachdenken darüber, die Zeit zu vertreiben.

Die Motivation ist ebenfalls ein sehr wichtiges Thema. Je nach Motivationstyp kann man sich entsprechend anpassen. Einige der Motivationen bringen den Nachteil, dass man von anderen Menschen entweder enttäuscht ist oder diesen einfach nicht traut. Das macht aber im Marathon nichts, denn hier steht man allein auf der Strecke.

Für den Perfektionisten ist der Marathon die Chance, die Perfektion im Laufen zu erreichen. Für denjenigen, die es allen recht machen wollen, ist es die Chance, sich selbst zu beweisen und damit genug Selbstbewusstsein zu entwickeln, um in Zukunft mehr an die eigenen Bedürfnisse zu denken. Für die Anstrenger und die Starken ist es die Chance zu zeigen, dass sie mit ihrer Einstellung recht haben und gewinnen. Für die Schnellen, naja, hoffen wir, dass die Entscheidung zum Marathon nicht voreilig war und das Durchhaltevermögen vorhanden ist.

Ist man jetzt der Meinung, Sportler sind Narzissten? Ja? Gut, denn damit hat man recht. Die meisten drängt der Wunsch nach Selbstdarstellung oder dem Selbstbeweis. Ist das schlecht? Nein, solange man es im richtigen Maße betreibt, ohne dabei sich selbst und seine Freunde zu verlieren.

Für den Tag vor dem Rennen und das Rennen gibt es einige kleine mentale Tricks, Dinge, die man sich selbst sagt, um damit zur Ziellinie zu kommen. So behält man die eigene Nervosität im Zaum und sich selbst im grünen Bereich während des Rennens.

Nicht jeder, der sich als Anfänger sieht, ist einer, daher sollte man genau bedenken, was für ein Training man hinter sich hat. Wichtig ist, dass diejenigen, mit besonderem Handicap, die Läufer im fortgeschrittenen Alter oder mit Übergewicht, an das Training extra vorsichtig und langsam herangehen.

Für den Anfänger geht es im Training zuerst darum, die nötige Ausdauer zu erreichen. Das Intervalltraining erlaubt es, die Belastung niedrig zu halten, aber auf einen langen Zeitraum auszudehnen. So hält man den Stoffwechsel über einen längeren Zeitraum hoch. Der Körper wird entsprechend reagieren. Daher erhöht man die Belastung immer mehr durch das Ausdehnen der Laufzeit bei gleichbleibender Pausenzeit, bis die Pausen ganz verschwinden. Das Ende ist ein Körper, der über einen Zeitraum von mindestens 30 Minuten laufen kann.

Ist die Grundvoraussetzung Ausdauer erreicht, geht es an die Steigerung. Wieder helfen Intervalle, doch diesmal wechselt man nicht zwischen Laufen und Gehen, sondern zwischen langsamem und schnellerem Laufen. So treibt man die Kraft und die Ausdauer weiter nach oben. Das schlägt sich in einer insgesamt längeren Laufzeit und dann auch längeren Strecke nieder. So kann man sich langsam und Stück für Stück an die Mindestdistanz heranarbeiten.

Hat man es geschafft, 30 Kilometer zu erreichen, dann ist man fast schon am Ziel. Nun geht es darum, diese Ausdauer zu erhalten und zu steigern. Daher wird erstmal nicht die Strecke, sondern die Laufgeschwindigkeit erhöht. Dadurch gelingt es immer einfacher, die Distanz hinter sich zu bringen.

Steht der Marathon bevor und es sind nur noch zehn Wochen bis dorthin, beginnt die Zeit der intensiven Vorbereitung. Diese muss ein gesteigertes Training mit einer Trainingsreduzierung verbinden. Das klingt widersinnig, aber es ist machbar. Für acht Wochen steigert man die Fähigkeiten, indem man zuerst die Geschwindigkeit und dann die Strecke erhöht. So kommt man auf die 35 Kilometer als das Minimum an Vorbereitung. Die letzten beiden Wochen vor dem Marathon wird das Training so reduziert, dass man die erreichte Form nicht gleich wieder verliert, der Körper aber die Zeit hat, sich zu regenerieren.

Für das Training steht eine Reihe von Hilfsmitteln zur Verfügung. Diese sind besonders für Sportmuffel und Leute mit Übergewicht beziehungsweise höherem Alter zu empfehlen. Mit einem Fahrradergometer, einem Laufband oder einem Crosstrainer kann man seine Form erstmal steigern. Dadurch kann man das Niveau von Otto-Normalverbrauchern erreichen, bis man sich an das echte Training wagt. Das hilft in mehreren Hinsichten. Ein vorbereiteter Körper kann mit den Belastungen des Lauftrainings besser umgehen. Die Gefahr von Verletzungen wird reduziert. Eine gewisse Grundhaltung zum Training lässt sich aufbauen. Erste Trainingserfolge schaffen Vertrauen und geben Motivation.

Pulsuhren und Fitnessarmbänder sind in der heutigen Zeit erschwinglich und bieten einiges, daher sind sie sehr zu empfehlen. Man kann den eigenen körperlichen Zustand im Auge behalten und sein Training besser anpassen. Programme geben sinnvolle Anregungen und man vermeidet gefährliche Überlastungen. Wenn man beginnt, nach Strecke zu laufen, dann kann man damit auch die tatsächlich zurückgelegte Distanz im Auge behalten.

Die Ernährung als solche bräuchte nicht angepasst zu werden, wenn nicht die Mehrheit der Bürger auf ungesunde Nahrungsmittel setzen würden. Eine gesunde, durchschnittlich empfohlene Nahrung bietet genug Kohlehydrate, Proteine, Fette und Vitamine. Da aber einige auf ungesunde Nahrung setzen, muss man eben nochmal darauf hinweisen, dass man seine Nahrung im Training bunt mischen sollte, um dem Körper das zu geben, was man ihm nimmt. Dazu eignen sich die hier vorgeschlagenen Nahrungsmittel wie Brot, Milchprodukte, Fleisch, Fisch, Obst und Gemüse. Damit kann sich der Körper regenerieren, man vermeidet Krämpfe und ernste Gesundheitsschäden.

Während des Training oftmals allein durchgeführt wird, sind

Marathonveranstaltungen doch normalerweise große Events mit hunderten von Teilnehmern und tausenden von Zuschauern. Dabei gibt es gewisse Etiketten zu beachten, denn alle wollen ihren Spaß haben.

Daneben gibt es einige Fehler, die man beim Training vermeiden sollte. Übertrainieren ist schädlich, daher mache man die Sprünge in den Leistungssteigerungen nicht zu groß.

Untertraining ist sinnlos. Während es richtig ist, bei einer Krankheit zu pausieren, sollte man nicht gleich jeder Ausrede nachgeben und das Training ausfallen lassen. Wenn man damit erstmal anfängt, dann wiederholt man dies nur allzu leicht mit dem Ergebnis, dass das Training irgendwann abgebrochen wird.

Während man den Ausreden für einen Ausfall des Trainings nicht nachgeben sollte, sollte man aber auch seine Freunde und sozialen Kontakte nicht vernachlässigen. Diese gilt es vielmehr mit dem Training in Einklang zu bringen. Dazu muss man die Zeit des Trainings, sei es die Tageszeit oder der Wochentag, entsprechend anpassen. So stellt man sicher, dass man an der Ziellinie auch empfangen wird und nicht allein dasteht.

Beherzigt man dies hier und hört auf seinen eigenen Körper, dann ist man sein bester Personal-Trainer. Sport ist nicht etwas, zu dem man gezwungen ist. Man sollte es wollen, für das eigene Wohlbefinden und die eigene Gesundheit. Darum richtet man sein Training so auf die eigenen Bedürfnisse ein, dass es nicht im Weg ist, sondern einfach nur Spaß macht. Mit der richtigen Einstellung, der richtigen Ernährung, dem Durchhaltevermögen und der richtigen Vorbereitung kann der Marathon dann nicht mehr schiefgehen.